学ぶ人は、
変えて
ゆく人だ。

目の前にある問題はもちろん、

人生の問いや、

社会の課題を自ら見つけ、

挑み続けるために、人は学ぶ。

「学び」で、

少し<del>ずつ</del>

いつでも、どこでも、誰でも、

学ぶことができる世の中へ。

旺文社

英検のプロと一緒！

文部科学省後援

つきっきり英検®

準2級

家庭教師のトライ 企画・監修

山田 暢彦 著

旺文社

contents

つきっきりレッスン

Contents

音声について

本書の内容を効果的に学習するには、音声が必須です。
アプリまたはダウンロードによって音声を聞くことができます。

1. リスニングアプリ「英語の友」（iOS/Android）で再生

ご利用方法

❶「英語の友」公式サイトより、アプリをインストール

https://eigonotomo.com/

※右の二次元コードから読み込めます。

| 英語の友 | 検索 |

❷ アプリのライブラリボタンからご購入いただいた書籍を選び、
「追加」ボタンを押してください

❸ パスワードを入力すると、音声がダウンロードできます

パスワード：syqbmv　※すべて半角アルファベット小文字

※本アプリの機能の一部は有料ですが、本書の音声は無料でお聞きいただけます。
※詳しいご利用方法は「英語の友」公式サイト、あるいはアプリ内ヘルプをご参照ください。
※本サービスは、予告なく終了することがあります。

2. パソコンで音声データダウンロード（MP3）

ご利用方法

❶ Web ページ（以下のURL）にアクセス

https://www.obunsha.co.jp/service/tsukikkiri/

❷ 音声ダウンロードで「準2級」を選択してください

❸ パスワードを入力すると、音声がダウンロードできます

パスワード：syqbmv　※すべて半角アルファベット小文字

※音声ファイルはzip形式にまとめられた形でダウンロードされます。
※音声の再生にはMP3を再生できる機器などが必要です。
※ご使用機器、音声再生ソフト等に関する技術的なご質問は、ハードメーカーもしくはソフトメーカーにお願いいたします。

執筆協力：株式会社エデュデザイン
装丁デザイン：牧野剛士
本文デザイン：相馬敬徳（Rafters）
イラスト：小林麻美、岡村亮太、有限会社アート・ワーク
DTP：幸和印刷株式会社
録音：株式会社巧芸創作

ナレーション：Julia Yermakov、Greg Dale、
　　　　　　　Howard Colefield
問題制作：入江泉、株式会社シー・レップス、
　　　　　江藤友佳
編集協力：清水洋子、内藤香、Jason A. Chau、北原美潮

Welcome to
NOBU's つきっきりレッスン！

Hi！NOBU です。ぼくのつきっきりレッスンは、耳で聞いて声に出すとってもアクティブなレッスンです。音声を再生したら、ぼくと１対１の授業が始まると思ってくださいね。さぁ、音声を再生して、いっしょに英検準２級の英語力を身につけよう！

動画でレッスンを体験！
https://www.obunsha.co.jp/service/tsukikkiri/

NOBU's プロフィール

山田暢彦 *Nobuhiko Yamada*

アメリカ出身のバイリンガル英語講師。ネイティブの感覚を日本語でわかりやすく説明する指導に定評がある。監修した『中1英語をひとつひとつわかりやすく。』（学研プラス）などの中学生向けシリーズは記録的なベストセラーに。そのほか書籍30冊以上、累計200万部超えのベストセラー著者。現在"世界に通用する英語"をモットーに、オンラインでNOBU Englishを主宰。慶応義塾大学（SFC）卒。TOEIC® L&R テスト連続満点、国連英検特Ａ級、英検®1級。
www.nobuyamada.com

- -

お気に入りのCD
Beatles の "1"

- -

10代のころに熱中していたこと
X Japan に憧れてギターを始めた！

- -

得意技・癖
失敗しても前向きに挑戦し続ける！

きみの時間を
１分もむだにしない！
話せる英語が身につく
レッスンを届けます！

レッスンの特長

44レッスンすべてが音声つき
音にこだわっているのがこのレッスンの最大の特長。本を開いて音声を再生して、ぼくがつきっきりで隣にいるような感覚でレッスンを受けてくださいね！

1回10分
忙しいみんなが毎日続けられるように、1レッスンは約10分。「10分すらない」っていうときは、「今日は右のページ、5分」というように小分けにして取り組もう。

**英検合格に必要な
単熟語をぎゅっと凝縮**
レッスンで扱う英文には、英検準2級によく出る単熟語をこれでもかと盛り込みました。1冊やり終えるころには、過去問を解く力がしっかり身についているはず！

英語の語順で内容を理解できる
解説音声では、英語の語順で意味が理解できるように和訳を工夫しています。このやり方に慣れると、音が耳に入ってきた順で英語を処理できるようになります。

レッスンの
受け方

レッスン音声は、左ページの解説で約5分、
右ページのトレーニングで約5分です。
レッスンの英文は段階的にレベルアップしていくので、
レッスン1から順番に受けていきましょう。

❶ まずは音声を再生！

レッスンページを開いたら、スマホアイコン
の隣の番号を確認して音声を再生しよう。

❷ つきっきり英文解説

英文のモデル音声とその解説が流れるので、
内容をイメージしながら聞こう。

● 太字は初めて登場する重要単語や表現。
　前のレッスンですでに出てきたものは
　グレーで表示。

● なるほどと思った解説は、英文の右の
　空欄にメモしておこう。

● 難しいと感じたら、英文の訳を確認し
　てからもう一度聞いてみよう。

❸ 文法と表現を確認

文の構造を理解してから、リピートやシャ
ドーイングをすると文法と表現の使い方も身
につきやすくなります。

---

1 友達・同僚との会話❶

どこに行くの？

日曜日、エイミーは友達にばったり会いました。どこかに行くようです。

つきっきり英文解説 >>> 🔊 01-1 〜01-3

モデル音声と解説を聞いて、英文の内容を確認しよう。
大事なところはメモを取ろう。

A: Hi, Joe. Where are you going?
B: Oh, hi, Amy. I'm **heading** to Albert Hall.
　My favorite artist is **performing** there this
　afternoon!
A: That's nice! Who is it?
B: His name is Jonathan Steele.
A: Oh, I **'m familiar with** some of his songs.
　He's a **fantastic** singer.
B: **You can say that again.** It's the first time
　I'm seeing him **live**.
A: **Sounds like fun.** Well, enjoy the concert.
B: Thanks. See you **later**.

英文の訳

A：こんにちは、ジョー。どこに行くの？
B：あ、こんにちは、エイミー。アルバート・ホール
　に向かっているところ。今日の午後、ぼくのいち
　ばん好きなアーティストがそこで演奏するんだ！
A：いいわね！ それって誰？
B：名前はジョナサン・スティール。
A：ああ、彼の歌はいくつか知っているわ。すばらし
　い歌手よね。
B：ほんとうにその通り。生で彼を見るのは初めてな
　んだ。
A：楽しそう。じゃあ、コンサートを楽しんで。
B：ありがとう。またあとでね。

文法と表現

My favorite artist is performing 〜.
〈未来を表す現在進行形〉
現在進行形で未来を表す言い方。「〜することになって
いる」という意味で、確実な予定を言うときに使う。

It's the first time 〜. 〈回数の言い方〉
あとに〈(that) ＋主語＋動詞〜〉の形を続けて、「(主
語）が〜するのは初めてだ」という意味。「2回目」
なら the second time となる。

次はトレーニング！

18

英検問題にチャレンジ！

「英検問題にチャレンジ！」では、未習の単語や表現も出てくるので、
難しいと感じるかもしれません。でも、まちがったりわからないと
感じたりしても、気にしないでくださいね！ このページは、問題
を解くことを通じて、新しい語彙を覚えたり、リスニング力をつけ
たりするためのものだと思ってください。まちがってもOKなんで
す。どんどん解いて、新しい単語や表現を覚えていきましょう！

右ページからトレーニング開始！
声を出して学習しよう！
終わったら☑にチェック！

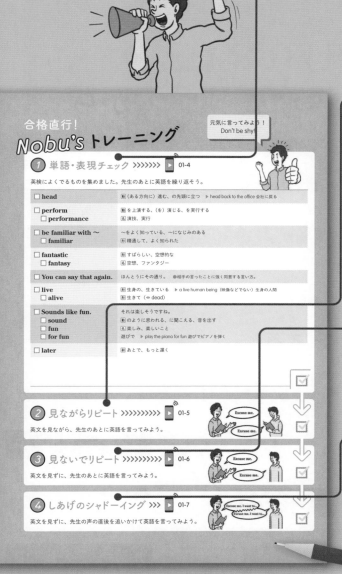

❹単語・表現チェック

左ページに登場した単語や表現とその関連語をリストアップしてあります。ぼくの音声のあとに続いてリピートしよう。意味をイメージしながら声に出すと記憶が定着しやすくなります。

❺見ながらリピート

英文を見ながら、ぼくの音声のあとに続いてリピートしよう。

> リピートやシャドーイングをするときは、ただ音声をまねするのではなく、必ず意味のまとまりごとに内容をイメージしながら声を出そう。音と意味を結びつける感覚が育ちます。

❻見ないでリピート

今度は英文を見ないで、ぼくの音声のあとに続いてリピートしよう。

❼しあげのシャドーイング

英文を見ないで、ぼくの音声のあとに続いてシャドーイングをしよう。シャドーイング（shadowing）とは、影（shadow）のようにお手本の音声を追いかけて、声に出す英語学習方法のことです。

まとめて覚える！ 単熟語

語い力をつけるのに役立つのが「まとめて覚える！単熟語」です。このページと「つきっきりレッスン」で英検準2級の最重要単熟語をカバーしています。単熟語は、まず音声を聞いて声に出して覚えてください。言語は音が基本なので、聞く→声に出す→書くの順で取り組むと効率よく暗記できます。

NOBU 式英語学習法

なぜ聞くことと声を出すことを繰り返すの？

答えは……
これがいちばん英語が上達するから

　英検対策に限らず、英語学習全般に言えることですが、音を学習の中心におくとインプットの質が飛躍的に向上します。「お手本そっくりに発音しよう！」と思いながら聞くと、モデル音声と自分の発音とのちがいに気づいてどんどん上達するんです。さらに、声を出すことで、単語やフレーズの定着率が高まります。

音によるインプットをすると
→ **4技能** がレベルUP!

声に出す

聞く

スピーキング力 UP
耳で聞き慣れた英語表現がとっさに口から出る瞬発力が身につくから

リスニング力 UP
音に慣れ、瞬時に意味をとらえることができるようになるから

ライティング力 UP
英語表現が出るスピードが速くなるから

リーディング力 UP
英語の語順で意味のかたまりごとに理解できるようになるから

　自分のレベル、目的にあったインプットの素材選びも重要。この本の英文には、英検準2級の重要単語・表現・文法を凝縮しているので、合格する力を養うのに最適です。

この本で英語を学習すると……

❶英検準2級レベルの単語や表現、文法を独自の学習法でインプットし、「英検問題にチャレンジ！」にも取り組むことによって、合格に必要な力がバランスよく身につきます。❷音を中心にした学習法のため、音を聞いて意味のかたまりごとに内容をイメージするスピードが上がります。❸「Nobu's トレーニング」で「聞く」と「声に出す」を繰り返していると、英語に素早く反応できるようになり、話しかけられたときにパッと答えやすくなります。❹英語の語順や意味のまとまりを意識したトレーニングを行ううちに、脳が英語の語順で英語を処理するようになっていきます。❺トレーニングでお手本の発音に少しでも近づくように努力するうち、うやむやにしている発音や単語がなくなり、ネイティブの英語が耳に入りやすくなっていきます。

「つきっきり」のその先へ！
ステップアップ学習法のすすめ

「つきっきりレッスン」だけではない、さらに英語力を高め、
英検合格をより確実にするための方法をご紹介します。

もう一歩先をいく、本書の活用法

　この本には、英検合格はもちろん、本当の英語力を身につけるために必要なエッセンスが
ぎゅっとつまった英文が掲載されています。1回10分のレッスンの中では紹介しきれなかった、
これらの英文を使った学習法を紹介します。さらなる実力アップにつなげましょう！

❶シャドーイングのスピードアップ！

　各レッスンの「Nobu's トレーニング」で体験したリピートやシャドーイングは、トレーニ
ングがしやすいようにスピードをやや遅めにしています。

　もっと自然な速さの英文を話せるようになりたい、という人には、各レッスンの冒頭のネイ
ティブ・スピーカーのモデル音声を使って、シャドーイングをするのをおすすめします。最初
は速さについていけなくて難しいと感じるかもしれませんが、そのときは、本を見ながらシャ
ドーイングしてもOKです。何度も繰り返すうちに、着実に上達していきますよ！

❷和文を瞬時に英訳！

　各レッスンの「英文の訳」を1文ずつ、英語に訳して口に出してみましょう。そんなの難し
すぎる！　と思うかもしれませんが、レッスンを終えたあとならきっと大丈夫。レッスン中に
リピートやシャドーイングで何度も繰り返し口に出したのだから、きっとその英文はインプッ
トされているはず。恐れず挑戦してみましょう。正しい英文はすぐ上に書かれているので、す
ぐに答え合わせもできますよ。

　このトレーニングでは、リピートやシャドーイングのようにマネするのではなく「自分で英
文を考える」ということが必要になるから、すごく力がつきます。英語に訳すときには、a と
the の違いや前置詞の使い分けがあやふやになりやすいので、特に注意しましょう。

❸さくいんで語い力チェック！

　この本には、旺文社が分析したデータに基づいた「英検に合格するためにもっとも重要な単
熟語」が掲載されていて、それらがすべて本の最後の「さくいん」にまとめられています。「さ
くいん」に並んだ英単語・熟語を見て、すぐに意味と読み方がわかりますか？　もしわからな
かったら、掲載ページを見て確認しましょう！

　「さくいん」を検索ツールとしてだけでなく、語い力チェックのツールとしても活用すること
をおすすめします。

家庭教師のトライ×山田暢彦×旺文社コンテンツ による映像授業

映像授業についてくわしくはこちら **https://www.trygroup.co.jp/eiken/**

「家庭教師のトライ」では、この本の各レッスンをぼくが解説する映像授業を含む英検対策講座を提供しています。映像授業では、「発音」についてくわしく解説しているほか、リピートやシャドーイングを楽しくトレーニングできる映像ならではの工夫がされています。

※映像授業をご覧になるためには、有料会員登録が必要です。
　詳しくは上記サイト内の説明をご覧ください。

語い力をさらに高めるために

　英語がわからない原因の大半は、語いがわからないこと。だからまずは語い力をつけることが大切です。語い力さえあれば、リスニングも、リーディングも、そしてその先のスピーキングにも対応可能です。語い力は、英検合格はもちろん、英語でコミュニケーションをとるためにとても大切な力です。

❶語い力の身につけ方

　勉強中に知らない単語や熟語に出会ったら、正しく理解するために、きちんと調べましょう。なんとなく意味を推測するだけで終わってしまうと、身につきません。そして調べるときには、「意味（訳）」と「発音（読み方）」の両方をおさえましょう。どのように発音するかまで理解しないと、リスニングで聞いたときにわからないですし、自分で口に出して言うこともできなくなってしまいます。リスニングをやったときにあわてて音声対策をしても遅いので、意味を覚えるときに、いっしょに発音もおさえましょう。

　そして、その単熟語は声に出して言ってみましょう。この本で繰り返しトレーニングしたように、声に出して読むことで、記憶が定着します。単熟語を「調べて、読んで、覚える」。この3段階を経て、語い力を高めていくことができるんです。

❷語い力をつけるためのおすすめ教材

過去問

　英検の過去問を解くことは、問題形式を知るだけでなく、語い力をつけるためにもとても有効です。実際の問題を解く中で新しい単語に出会って、調べて、どんどん吸収していく。そんな気持ちをもって問題に取り組んでみてください。

単語集

英検の級ごとに分けられた単語集は、英検合格のための語い力をつけるために、頼もしい存在です。最初のページから一つずつ覚えていくというよりは、「覚えていない単熟語をチェックするためのリスト」として活用するのがおすすめ。ある程度語い力をつけてから、単語集に取り組む、という順番がいいでしょう。

もし準2級の単語集を開いてみて、そのページに掲載されている単語がほとんどわからないという場合は、レベルが合っていないということです。ひとつ前の3級の単語集に戻ってみましょう。

過去問は英検合格に必須

英検合格のためには、英検の問題形式に慣れること、時間を意識しながら問題に取り組むことも大切です。この本の「英検問題にチャレンジ！」で英検形式の問題を解くことができますが、実際に英検を受検する前には、筆記とリスニングをセットで、英検の一次試験1回分を丸ごと解いてみることをおすすめします。それによって、試験1回分にかかる時間感覚や必要な集中力も把握できます。

英語を自由に話すための、さらなるトレーニング

英検に合格するだけでなく、英語を自由に話せるようになりたい、と考える人もいるでしょう。そのためのトレーニング方法を少し紹介します。ちょっと難しいかもしれませんが、これをやれば、確実に力がつきますよ！

❶相手に伝えるつもりで、音読してみる

「Nobu'sトレーニング」で体験したリピートやシャドーイングは、話す力を身につけるためにも、とても有効な方法です。そして声に出すときには、英文を漫然と読むのではなく、会話文なら自分が登場人物になったつもりで読み、説明文ならだれかに内容を教えてあげているつもりで読みましょう。内容を理解した上で相手に伝えるんだ、という気持ちで口に出して練習

することによって、話す力の素地が身についていきます。

　レッスンの「つきっきり英文解説」で訳を言うだけではなく、どんな気持ちで言っているのか、というコメントもはさんでいるのは、話しているときの気持ちをわかってほしいからです。言葉にこめられた意図を意識しながら話すことが、とても大切なんですよ。いっしょうけんめい発音だけを正確にマネしようとすると、どうしても意味や気持ちから離れていってしまいます。学習の最初のほうはそれでも仕方がないかもしれませんが、最終的には、相手に意味を伝えるという気持ちをもって声に出せるようになるといいですね。

❷英検問題も活用する

　「自分の考えをまとめて、言う」練習の一つとして、英検のリスニング問題を活用する方法もあります。

　まずはリスニングの放送文と質問を聞いたら、印刷された選択肢を見ずに、自分で答えを考えて、口に出してみる。次に、もう一度、放送文と質問を聞いてみる。

　2回目に放送文を聞くときには、質問のポイントや答えの方向性がなんとなくわかっているので、ぐっと集中して、前のめりになって聞くことができます。そして、2回聞いたあとで、正解の選択肢を見れば、答え合わせもできますね。

　過去問を使って、手軽にアウトプット（自分の考えをまとめて、言う）と、集中して聞く、という練習ができるというわけです。

この「つきっきり英検」がきっかけとなって、
充実した英語学習につながることを祈っています!

Keep trying!
You can do it!

英検準2級の出題形式

英検合格のためには、英語力を上げるだけでなく、出題形式や試験時間についても知っておきましょう。

一次試験

主な場面・状況	家庭、学校、職場、地域（各種店舗・公共施設を含む）、電話、アナウンスなど
主な話題	学校、趣味、旅行、買い物、スポーツ、映画、音楽、食事、天気、道案内、海外の文化、人物紹介、歴史、教育、科学、自然・環境など

筆記 🕐 75分　リスニング 🕐 約25分

問題	測定技能	形式・課題詳細	問題数	この本での同じ形式の問題掲載ページ
1	リーディング	文脈に合う適切な語句を補う。	20問	p.24, p.40, p.92
2		会話文の空所に適切な文や語句を補う。	5問	p.56, p.74
3		パッセージの空所に文脈に合う適切な語句を補う。	5問	p.120, p.136
4		パッセージの内容に関する質問に答える。	7問	p.112, p.142
5	ライティング	質問に対する回答を英文で書く。	1問	p.154
第1部	リスニング 放送回数1回	会話の最後の発話に対する応答として最も適切なものを補う。	10問	p.30, p.46
第2部		会話の内容に関する質問に答える。	10問	p.64, p.80
第3部		短いパッセージの内容に関する質問に答える。	10問	p.100, p.128

二次試験

主な場面・題材	日常生活の話題
過去の出題例	ホームシアター、ボランティアガイド、電子辞書、食品フェア、映画祭、プリペイドカード

英語での面接 🕐 約6分

問題	測定技能	形式・課題詳細	この本での同じ形式の問題掲載ページ
音読	スピーキング	50語程度のパッセージを読む。	
No.1		音読したパッセージの内容についての質問に答える。	
No.2		イラスト中の人物の行動を描写する。	p.162
No.3		イラスト中の人物の状況を説明する。	
No.4		カードのトピックに関連した内容についての質問に答える。	
No.5		日常生活の身近な事柄についての質問に答える。	

出典：公益財団法人 日本英語検定協会公式サイト
※2021年2月現在の情報です。予告なく変更になる可能性がありますので、最新情報は英検ウェブサイトをご確認ください。

つきっきりレッスン
レッスン1〜40

いよいよレッスンのスタートです。
音声を聞く準備はできましたか?
最初は難しいと感じるかもしれませんが、
一緒にがんばっていきましょう!

友達・同僚との会話❶

どこに行くの?

日曜日、エイミーは友達にばったり会いました。どこかに行くようです。

つきっきり英文解説 >>> 01-1 〜01-3

モデル音声と解説を聞いて、英文の内容を確認しよう。
大事なところはメモを取ろう。

A: Hi, Joe. Where are you going?

B: Oh, hi, Amy. I'm **heading** to Albert Hall. My favorite artist is **performing** there this afternoon!

A: That's nice! Who is it?

B: His name is Jonathan Steele.

A: Oh, **I'm familiar with** some of his songs. He's a **fantastic** singer.

B: **You can say that again.** It's the first time I'm seeing him **live**.

A: **Sounds like fun.** Well, enjoy the concert.

B: Thanks. See you **later**.

英文の訳

A：こんにちは、ジョー。どこに行くの?

B：あ、こんにちは、エイミー。アルバート・ホールに向かっているところ。今日の午後、ぼくのいちばん好きなアーティストがそこで演奏するんだ!

A：いいわね! それって誰?

B：名前はジョナサン・スティール。

A：ああ、彼の歌はいくつか知っているわ。すばらしい歌手よね。

B：ほんとうにその通り。生で彼を見るのは初めてなんだ。

A：楽しそう。じゃあ、コンサートを楽しんで。

B：ありがとう。またあとでね。

文法と表現

My favorite artist is performing 〜.
〈未来を表す現在進行形〉
現在進行形で未来を表す言い方。「〜することになっている」という意味で、確実な予定を言うときに使う。

It's the first time 〜.〈回数の言い方〉
あとに〈(that)＋主語＋動詞 〜〉の形を続けて、「(主語)が〜するのは初めてだ」という意味。「2回目」なら the second time となる。

次はトレーニング!

合格直行！
Nobu's トレーニング

元気に言ってみよう！
Don't be shy!

① 単語・表現チェック >>>>>>> 📱🎵 01-4

英検によくでるものを集めました。先生のあとに英語を繰り返そう。

☐ **head**	動（ある方向に）進む、の先頭に立つ ▶ head back to the office 会社に戻る
☐ **perform** 　☐ **performance**	動 を上演する、（を）演じる、を実行する 名 演技、実行
☐ **be familiar with ～** 　☐ **familiar**	～をよく知っている、～になじみのある 形 精通して、よく知られた
☐ **fantastic** 　☐ **fantasy**	形 すばらしい、空想的な 名 空想、ファンタジー
☐ **You can say that again.**	ほんとうにその通り。　●相手の言ったことに強く同意する言い方。
☐ **live** 　☐ **alive**	形 生身の、生きている ▶ a live human being （映像などでない）生身の人間 形 生きて（⇔ dead）
☐ **Sounds like fun.** 　☐ **sound** 　☐ **fun** 　☐ **for fun**	それは楽しそうですね。 動 のように思われる、に聞こえる、音を出す 名 楽しみ、楽しいこと 遊びで ▶ play the piano for fun 遊びでピアノを弾く
☐ **later**	副 あとで、もっと遅く

② 見ながらリピート >>>>>>>>> 📱🎵 01-5

英文を見ながら、先生のあとに英語を言ってみよう。

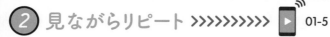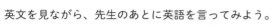

③ 見ないでリピート >>>>>>>>> 📱🎵 01-6

英文を見ずに、先生のあとに英語を言ってみよう。

④ しあげのシャドーイング >>> 📱🎵 01-7

英文を見ずに、先生の声の直後を追いかけて英語を言ってみよう。

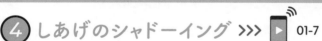

2 手伝ってもらえない？

キャシーは、同級生から相談を持ちかけられました。

つきっきり英文解説 >>> 02-1 ～02-3

モデル音声と解説を聞いて、英文の内容を確認しよう。
大事なところはメモを取ろう。

A: Kathy, are you busy next Sunday?

B: Um, **let me see.** No, I don't have any plans. Why do you ask?

A: It's **almost** Henry's birthday. I want to **hold** a little party for him that day.

B: **That's a great idea!**

A: Yeah. If you don't **mind**, could you help me **organize** it?

B: **Of course! I'll be happy to.**

A: Thanks. I plan to **invite** five or six people.

B: Nice. I can't **wait** to **celebrate** together!

英文の訳

A：キャシー、今度の日曜日は忙しい？
B：うーん、ええと。いいえ、何も予定はないわよ。
　　どうして聞くの？
A：もう少しでヘンリーの誕生日なんだ。その日に彼
　　のためにちょっとしたパーティーを開こうと思っ
　　て。
B：それはすごくいいアイディアね！
A：でしょ。もしいやじゃなかったら、ぼくが準備す
　　るのを手伝ってもらえない？
B：もちろん！　よろこんで。
A：ありがとう。5～6人を招待する予定なんだ。
B：すてき。いっしょにお祝いするのが待ち遠しい！

文法と表現

help me organize〈原形不定詞〉
〈help＋人＋動詞の原形〉で、「（人）が〜するのを手
伝う」という意味。help のあとの動詞は、このよう
に to を使わずに原形をそのまま使うことが多い。

I'll be happy to.〈to のあとの省略〉
I'll be happy to (help you organize it). のかっこ内が
省略された言い方。相手の依頼に「よろこんで（そう
します）。」と応じるときに使う。

次はトレーニング！

Nobu's トレーニング

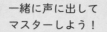
一緒に声に出して
マスターしよう！

① 単語・表現チェック ＞＞＞＞＞＞＞ 📱 02-4

英検によくでるものを集めました。先生のあとに英語を繰り返そう。

□ **Let me see.**	ええと。（つなぎ言葉）
□ **almost**	副 もう少しで、ほとんど
□ **nearly**	副 に近く、ほとんど ▶ It's nearly impossible. それはほぼ不可能に近い。
□ **hold**	動 を開催する、を持つ ★ hold-held-held
□ **That's a great idea.**	すばらしい考えですね。
□ **idea**	名 考え、思いつき、アイデア
□ **mind**	動 （を）いやがる［気にする］ ▶ mind *doing* ～することを気にする
□ **organize**	動 を主催する、を組織する
□ **organization**	名 組織
□ **Of course.**	もちろんです。／当然です。
□ **I'll be happy to.**	よろこんで（したいです）。
□ **invite**	動 を招待する〈for（食事など）に、to（家など）に〉
□ **invitation**	名 招待
□ **wait**	動 待つ〈for を〉
□ **celebrate**	動 を祝う
□ **celebration**	名 祝賀（会）

② 見ながらリピート ＞＞＞＞＞＞＞＞＞ 📱 02-5

英文を見ながら、先生のあとに英語を言ってみよう。

Excuse me.

Excuse me.

③ 見ないでリピート ＞＞＞＞＞＞＞＞＞ 📱 02-6

英文を見ずに、先生のあとに英語を言ってみよう。

Excuse me.

Excuse me.

④ しあげのシャドーイング ＞＞＞ 📱 02-7

英文を見ずに、先生の声の直後を追いかけて英語を言ってみよう。

Excuse me. I want to...

Excuse me. I want to...

3 友達・同僚との会話❸

いっしょにどう?

職場の同僚のマイクが、とても疲れた様子で席にもどってきました。

つきっきり英文解説 >>> 03-1 ～03-3

モデル音声と解説を聞いて、英文の内容を確認しよう。
大事なところはメモを取ろう。

A: You look really tired, Mike.

B: Yeah, I just had a **tough** meeting.

A: Oh, **I'm sorry to hear that.**

B: We're **facing** some **difficult issues.** I **have no idea** how we can **solve** them.

A: It <u>sounds</u> like you need a **break.** **Actually**, I'm going out to eat with Yuki now. Do you **feel like coming** with us?

B: Oh, really? That would be nice.

A: Great! **Come on**, let's go. It'll be a good **chance** to **refresh** yourself.

英文の訳

A：すごく疲れて見えるわ、マイク。

B：ああ、今、きつい打ち合わせがあったんだ。

A：まあ、それは大変ね。

B：いくつか難しい問題に直面していてね。どうすれば解決できるのか、全然わからないよ。

A：休憩が必要みたいね。実は、今ユキといっしょにご飯を食べに行くところだったの。私たちといっしょに来ない?

B：え、ほんとう? それはすてきだな。

A：よかった! さあ、行きましょう。リフレッシュするいい機会よ。

文法と表現

It sounds like ～.〈接続詞の like〉
「それは(まるで)～のように聞こえます。」と感想を言うときの表現。like のあとには名詞や動名詞のほか、このように〈主語＋動詞 ～〉がくることもある。

That would be nice.〈控えめさを表す would〉
would は控えめな感じを表す。「(もしもいっしょに行けたら)すてきです。」のかっこ内が省略されていると考える。

次はトレーニング!

合格直行!
Nobu's トレーニング

がんばった分だけ
しっかり身につくよ!

① 単語・表現チェック >>>>>>> 🎵 03-4

英検によくでるものを集めました。先生のあとに英語を繰り返そう。

☐ tough	形 困難な、頑丈な、堅い（⇔ tender）
☐ I'm sorry to hear that.	それはお気の毒に。　●相手の言ったことに同情を示す言い方。
☐ face	動 に直面する、のほうを向く
☐ difficult	形 困難な
☐ issue	名 問題（点）、（雑誌などの）第〜号［刷］、発行
☐ I have no idea.	わかりません。　●あとに疑問詞の節が続くことがある。
☐ solve	動 を解決する
☐ break	名 休憩　● take a break で「休憩する」の意味。
☐ actually 　☐ in fact	副 実は、実際に 実は、実際に
☐ feel like *doing*	〜したい気がする　● want to 〜とほぼ同じ意味合い。
☐ Come on.	（相手をうながして）さあ。／がんばって。 ●冗談などに対し「ばかなこと言わないで。」の意味でも使う。
☐ chance 　☐ by chance	名 機会 偶然に
☐ refresh	動 を元気づける、の気分をさわやかにする

② 見ながらリピート >>>>>>>>> 🎵 03-5

英文を見ながら、先生のあとに英語を言ってみよう。

③ 見ないでリピート >>>>>>>>> 🎵 03-6

英文を見ずに、先生のあとに英語を言ってみよう。

④ しあげのシャドーイング >>> 🎵 03-7

英文を見ずに、先生の声の直後を追いかけて英語を言ってみよう。

次の *(1)* から *(5)* までの (　　　) に入れるのに最も適切なものを **1**、**2**、**3**、**4** の中から一つ選びなさい。

(1) **A :** Did you do anything exciting over the weekend, Julie?

　　　 B : Not really, but I tried to (　　　) a song for my grandmother's birthday.

　　　 1 decorate　　　　**2** ship　　　　　　**3** create　　　　　**4** cause

(2) **A :** You weren't in Professor Smith's class this morning. Did something happen?

　　　 B : Actually, I misunderstood the professor's (　　　) and thought her class was canceled.

　　　 1 instructions　　**2** invitations　　**3** performances　　**4** guides

(3) **A :** You're going to (　　　) a play at the school festival, aren't you?

　　　 B : Yes. I'll play the leading role on the stage for the first time.

　　　 1 celebrate　　　**2** see　　　　　　**3** take　　　　　　**4** perform

(4) **A :** I have been searching for a new watch online, but I haven't found a good one yet.

　　　 B : I know what you mean. Sometimes I can't find (　　　) what I want, either.

　　　 1 carefully　　　**2** deeply　　　　**3** exactly　　　　**4** extremely

(5) **A :** Hi, Eric. How was that bicycle trip you were talking about?

　　　 B : Well, it didn't happen actually. I (　　　) going because of some heavy rain.

　　　 1 ran over　　　**2** put off　　　　**3** ran into　　　　**4** put down

解答・解説

(1)　解答　3

A：週末の間に、何かわくわくするようなことをした、ジュリー？

B：いいえ、でも祖母の誕生日のために歌を創作しようとしたわ。

解説 歌を「作る」には make、write、compose などがよく使われるが、create「〜を創作する」も用いられる。decorate「〜を装飾する」、ship「〜を送る」、cause「〜を引き起こす」。

(2)　解答　1

A：今朝のスミス教授の授業にいなかったね。何かあった？

B：実は教授の指示を誤解して、彼女の授業はキャンセルになったと思ったの。

解説 授業に関することを知らせるのは instructions「指示」が適切。invitations「招待」、performances「演奏」、guides「手引き」。

(3)　解答　4

A：学園祭で劇を上演するんでしょう？

B：そう。初めて主役を演じるんだ。

解説 「（劇など）を上演する」という場合は perform を用いる。celebrate「〜を祝う」、see「〜を見る」、take「〜を取る」。

(4)　解答　3

A：ネットで新しい腕時計を探しているんだけど、まだいいのが見つからないんだ。

B：わかる。私もまさにほしいものを見つけられないときがたまにあるわ。

解説 exactly は「まさに、完全に」の意味。exactly what I want「まさに私がほしいもの」とすると、文として意味が通じる。carefully「慎重に」、deeply「深く」、extremely「極端に」。

(5)　解答　2

A：こんにちは、エリック。話していた自転車旅行はどうだった？

B：いや、実はそれがなかったんだ。大雨のために行くのを延期したんだよ。

解説 大雨が降ったので自転車旅行は put off「延期した」とすると、文の意味が通る。run over「（車が）〜をひく」、run into「〜に偶然出会う」、put down「〜を下に置く」。

4 これ全部あなたの？

同僚の家にお邪魔したら、たくさんのトロフィーが並んでいました。

つきっきり英文解説 >>> 04-1 ～04-3

モデル音声と解説を聞いて、英文の内容を確認しよう。
大事なところはメモを取ろう。

A: Wow, are these trophies all yours?

B: Yes. I like to play tennis. I often **take part in amateur** tennis **tournaments**.

A: This is **impressive**. You must be really good.

B: Well, when I was a child, I **used to** dream of becoming a **professional** player.

A: Oh, really?

B: Yes. That **childhood** dream didn't **come true**, but I still enjoy **practicing** and **competing**.

A: I'd love to see you play one day.

B: Sure. I'll **let** you know the next time I **enter** a tournament.

英文の訳

A：わあ、このトロフィー、全部あなたの？
B：うん。テニスをするのが好きで。アマチュアのテニス大会によく出るんだ。
A：これはすばらしいわ。ほんとうに上手なんでしょうね。
B：ああ、子どもの頃はね、プロの選手になるのが夢だったんだ。
A：まあ、ほんとう？
B：うん。あの子ども時代の夢は実現しなかったけど、今でも練習と競技は楽しいよ。
A：あなたがプレーするのをいつか見てみたいわ。
B：もちろん。次回ぼくが大会に出場するときは教えるよ。

文法と表現

enjoy practicing and competing〈動名詞〉
enjoy doing で「～するのを楽しむ」という意味。enjoy は動詞の ing 形（動名詞）を目的語にとり、to do の形（不定詞）はとらないので注意。

see you play / let you know
〈知覚動詞・使役動詞〉
〈see ＋人＋ do〉で「（人）が～するのを見る」、〈let ＋人＋ do〉で「（人）に～させる」の意味。どちらも目的語に動詞の原形（原形不定詞）をとる。

次はトレーニング！

合格直行！
Nobu's トレーニング

元気に言ってみよう！
Don't be shy!

① 単語・表現チェック ＞＞＞＞＞＞ ▶ 04-4

英検によくでるものを集めました。先生のあとに英語を繰り返そう。

☐ take part in ～	～に参加する
☐ amateur	名形 アマチュア（の）、素人（の）
☐ tournament	名 トーナメント、勝ち抜き試合
☐ impressive ☐ impress	形 感銘を与える、印象的な 動 に感銘を与える　▶ I was impressed. 私は感銘を受けた。
☐ used to *do*	以前は～した　●過去を表す。「今は違う」という意味合い。
☐ professional	形 プロの、専門の（⇔ amateur）
☐ childhood	名 子どもの頃、幼少期
☐ come true ☐ realize	（夢などが）実現する 動 を実現させる、をさとる
☐ practice	動 （を）練習する〈*doing* ～すること〉、を実行する　名 練習
☐ compete ☐ competition	動 競争する〈with, against ～と〉 名 競争、競技（会）、試合
☐ let	動 (let *A do* で) A に～させる　★ let-let-let
☐ enter	動 に入る、に参加［出場］する

② 見ながらリピート ＞＞＞＞＞＞＞＞＞ ▶ 04-5

英文を見ながら、先生のあとに英語を言ってみよう。

③ 見ないでリピート ＞＞＞＞＞＞＞＞＞ ▶ 04-6

英文を見ずに、先生のあとに英語を言ってみよう。

④ しあげのシャドーイング ＞＞＞ ▶ 04-7

英文を見ずに、先生の声の直後を追いかけて英語を言ってみよう。

5

友達・同僚との会話❺

どうして休んだの?

昨日突然学校を休んだエリック。どうしたのでしょう。

つきっきり英文解説 >>> 📱 05-1 ～05-3

モデル音声と解説を聞いて、英文の内容を確認しよう。
大事なところはメモを取ろう。

A: Why were you **absent** from school yesterday, Eric?

B: Well, I got into a bike **accident** on my way to school.

A: Oh no! Are you **serious**? What **happened**?

B: I **lost** my **balance** and **fell off**. I **hurt** my leg a little, so I went to see a doctor at the **clinic**.

A: Are you OK?

B: Yes. **Luckily**, it wasn't a bad **injury**. The doctor says it should **get better** in a week.

A: I'm glad to hear that.

英文の訳

A：昨日はどうして学校を休んだの、エリック。
B：いやあ、学校に行く途中で自転車事故にあって。
A：ええ、いやだ！　ほんとうに？　何があったの？
B：バランスを失って自転車から落ちたんだ。脚を少し痛めたから診療所で診てもらったよ。
A：大丈夫？
B：うん。幸いにもひどいけがじゃなかった。お医者さんが言うには、1週間後にはよくなるはずだって。
A：それはよかった。

文法と表現

it should get better〈推量・当然を表す should〉
助動詞 should は「～すべきである」「～したほうがよい」（義務・必要）という意味のほかに、「きっと～だろう」「当然～なはずだ」（推量・当然）という意味でも使われる。ここでは後者の意味。

次はトレーニング！

合格直行！
Nobu's トレーニング

一緒に声に出して
マスターしよう！

① 単語・表現チェック >>>>>>> ▶ 05-4

英検によくでるものを集めました。先生のあとに英語を繰り返そう。

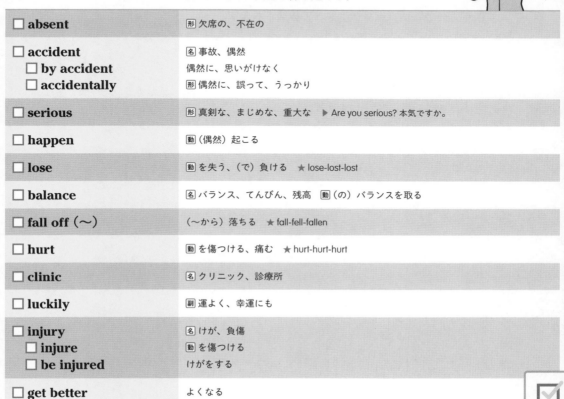

□ **absent**	形 欠席の、不在の
□ **accident**	名 事故、偶然
□ **by accident**	偶然に、思いがけなく
□ **accidentally**	形 偶然に、誤って、うっかり
□ **serious**	形 真剣な、まじめな、重大な　▶ Are you serious? 本気ですか。
□ **happen**	動 （偶然）起こる
□ **lose**	動 を失う、（で）負ける　★ lose-lost-lost
□ **balance**	名 バランス、てんびん、残高　動 （の）バランスを取る
□ **fall off（〜）**	（〜から）落ちる　★ fall-fell-fallen
□ **hurt**	動 を傷つける、痛む　★ hurt-hurt-hurt
□ **clinic**	名 クリニック、診療所
□ **luckily**	副 運よく、幸運にも
□ **injury**	名 けが、負傷
□ **injure**	動 を傷つける
□ **be injured**	けがをする
□ **get better**	よくなる

② 見ながらリピート >>>>>>>>>> ▶ 05-5

英文を見ながら、先生のあとに英語を言ってみよう。

③ 見ないでリピート >>>>>>>>>> ▶ 05-6

英文を見ずに、先生のあとに英語を言ってみよう。

④ しあげのシャドーイング >>> ▶ 05-7

英文を見ずに、先生の声の直後を追いかけて英語を言ってみよう。

最初は間違えても OK。
問題を解きながら新しい単熟語を覚えましょう。

対話を聞き、その最後の文に対する応答として最も適切なものを、放送される**1**、**2**、**3**の中から一つ選びなさい。

📱 E01

No. 1 ～ No. 5（選択肢はすべて放送されます。）

解答・解説

No. 1 解答 **1**

☆：Hi, are you ready for your presentation tomorrow?
★：Almost. But I'm not satisfied with my ending.
☆：Why don't you ask Lina for help? She did a similar presentation last week.
1 Right. That's a good idea.
2 OK. I'll call her next week.
3 Sure. You can talk to her.

☆：こんにちは、明日のプレゼンテーションの用意はできてる？
★：ほとんどね。でも終わりの部分に満足してないんだ。
☆：リナに手伝いを頼んでみたら？　彼女も先週同じようなプレゼンをやったわよ。
1 確かに。いい考えだね。
2 わかった。来週彼女に電話してみる。
3 もちろん。彼女に話していいよ。

解説 Why don't you 〜?は「〜したらどう？」と提案する表現。相手の提案を受け入れて「いい考えだ」と応じる**1**が適切。プレゼンテーションは明日なので**2**では間に合わない。**3**では意味が通じない。

No. 2 解答 **1**

★：Naomi, what happened to your hand?
☆：I cut my finger using a knife.
★：Is it bad?
1 No, it isn't serious.
2 Yes, it's just right.
3 Yes, it's hard to walk.

★：ナオミ、手をどうしたの？
☆：ナイフを使っていて指を切ったの。
★：ひどいの？
1 いいえ、たいしたことないわ。
2 ええ、ちょうどいいわ。
3 ええ、歩きにくいわ。

解説 「手のけがはひどいのか」と聞かれての返事。No, it isn't serious.「いいえ、たいしたことはないわ」と答えるのが自然。**2**では全く応答にならない。足をけがしたわけではないので**3**は不適。

No. 3 解答 **2**

☆：Daniel, I'm sure you know that woman with long hair over there.
★：No, I don't think I know her.
☆：Are you serious? She's your favorite professional photographer, Jessica Chan!
1 Yes, I'm always serious.
2 Oh no! I didn't recognize her face.
3 Yes, I used to meet her often.

☆：ダニエル、あそこにいる長い髪の女性を知っているわよね。
★：ううん、知らないな。
☆：本気で言ってるの？　彼女はあなたのお気に入りのプロ写真家のジェシカ・チャンよ！
1 うん、ぼくはいつもまじめだよ。
2 まさか！　彼女の顔がわからなかった。
3 うん、よく彼女には会っていたよ。

解説 男性は向こうにいる女性について「知らない」と言っており、あこがれのプロ写真家だと気づかなかったので、まず驚き、I didn't recognize her face.「彼女の顔がわからなかった」という**2**が会話の流れに合う。

No. 4　解答　3

☆：I hear you're going to go abroad next year.
★：Yes. I got into a management program in Boston.
☆：Oh, my brother did a similar program last year. He said it was the toughest time of his life.
1 I'm happy you did that.
2 I can't wait to meet him there.
3 I'd like to ask him for some advice.

☆：来年海外に行くそうね。
★：そう。ボストンでマネジメントのプログラムに参加するんだ。
☆：ああ、私の兄も去年同じようなプログラムに参加したわよ。人生で最も大変な時期だったって言ってた。
1 あなたがそうしてくれてうれしいよ。
2 そこで彼に会うのが待ちきれないよ。
3 彼にアドバイスをもらいたいな。

解説▶「兄も去年同じようなマネジメントのプログラムに参加した。大変だったと言っていた」と聞いて、I'd like to ask him for some advice.「彼にアドバイスをもらいたい」と応じる**3**が適切。**1**は応答にならない。**2**は相手の兄がプログラムに参加したのは去年で、そこで会うはずがないので不適。

No. 5　解答　2

☆：Hi, Mark. It's Jennifer. Do you have any plans for the weekend after next?
★：Not really. I plan to sleep late, maybe watch a movie. Why?
☆：Would you be willing to come to my house and take care of my dog?
1 I always have plans on the weekend.
2 I don't mind staying with your dog.
3 I took my dog there last weekend.

☆：もしもし、マーク。ジェニファーよ。再来週の週末、何か予定はある？
★：いや、別に。夜更かしして、映画でも見ようかと思ってる。どうして？
☆：うちに来て、犬の世話をしてもらえない？
1 週末はいつも予定があるんだ。
2 犬に付き添うのは構わないよ。
3 先週末そこにぼくの犬を連れていったよ。

解説▶ Would you be willing to *do*?「～していただけないでしょうか」という意味の問いに対する承諾の応答はI don't mind *doing* の形が適切。「犬の付き添いをしても構わない」の意味になる。前の発言で「特に予定はない」と言っていたので、**1**は矛盾する。

まとめて覚える! 単熟語

レッスンに登場していない重要単熟語です。
音声のあとに英語を繰り返しましょう。

● 学校生活・学習

M01

□ spell	動 をつづる	□ dormitory	名 寮、寄宿舎
□ mean	動 を意味する	□ department	名 学部、(企業などの)部、(店の)売場
□ repeat	動 復唱する、(を)繰り返す	□ graduation	名 卒業、卒業式
□ memorize	動 を暗記する、を記憶する	□ coach	名 コーチ
□ discover	動 を発見する (≒ find out)	□ principal	名 校長
□ achieve	動 を達成する、を成し遂げる	□ professor	名 教授
□ fail	動 に不合格になる、失敗する〈in ～に〉	□ successful	形 成功した〈in ～に〉
□ graduate	動 卒業する	□ correct	形 正しい(⇔ incorrect)、適切な
□ education	名 教育	□ by heart	暗記して
□ grade	名 成績、学年、等級	□ by mistake	間違って
□ data	名 データ、資料	□ major in ～	～を専攻する
□ mistake	名 間違い、誤り	□ make friends with ～	～と友達になる
□ activity	名 活動	□ succeed in ～	～に成功する(⇔ fail in ～)
□ experiment	名 実験〈on ～の〉	□ graduate from ～	～を卒業する
□ discovery	名 発見	□ make a mistake	間違える
□ gift	名 才能、贈り物		

6 家族との会話❶

送ってもらえない？

女の子は明日の習い事について、お父さんにお願いがあるようです。

つきっきり英文解説 >>> ▶ 06-1 ～06-3

モデル音声と解説を聞いて、英文の内容を確認しよう。
大事なところはメモを取ろう。

A: Dad, could you **give me a ride** to my dance lesson tomorrow morning?

B: Sure. But don't you **usually** go by bike?

A: Yes. But I have to **carry** a lot of things tomorrow. We're **preparing** for our **recital** next week.

B: Oh, that's right! How exciting! I can't **wait** to see it.

A: Tomorrow, we're going to **decorate** the stage. We're also **trying on** our stage **costumes**.

B: Are you **nervous** about the **performance**?

A: A little. But I'm **looking forward to** it.

B: So am I!

英文の訳

A：パパ、明日の朝、ダンスのレッスンに車で送って行ってもらえない？
B：もちろん。でもふだんは自転車で行っていない？
A：うん。でも明日はたくさんのものを運ばないといけないのよ。来週の発表会の準備をしているの。
B：ああ、そうだった！　わくわくするね！　見るのが待ちきれないよ。
A：明日はステージの飾りつけをするの。あとステージ衣装の試着もするのよ。
B：出演することに緊張している？
A：少しね。でも楽しみ。
B：私もだよ！

文法と表現

So am I.〈「私もです。」の言い方〉
前の発言に対して、「私もです。」と応じる言い方。ここでは I'm looking forward to it. の be 動詞を受けて am が使われている。もし前の文が I like it. のように一般動詞の現在形であれば、「私もです。」は So do I. となる。〈So ＋動詞［助動詞］＋主語.〉の語順に注意。

次はトレーニング！

合格直行！
Nobu's トレーニング

がんばった分だけ
しっかり身につくよ！

① 単語・表現チェック >>>>>>> 📱 06-4

英検によくでるものを集めました。先生のあとに英語を繰り返そう。

☐ **give _A_ a ride**	A を車に乗せる
☐ **usually**	副 たいてい、ふだんは
☐ **usual**	形 いつもの、ふつうの
☐ **unusual**	形 異常な、ふつうでない
☐ **carry**	動 を運ぶ、を持ち歩く
☐ **prepare**	動 を準備する〈for ～のために〉
☐ **recital**	名 リサイタル、独演会
☐ **decorate**	動 を飾る〈with ～で〉
☐ **decoration**	名 飾り、装飾
☐ **try on ～**	～を試着する
☐ **costume**	名 衣装
☐ **uniform**	名 制服、ユニフォーム
☐ **nervous**	形 非常に緊張している、神経質な、心配して
☐ **look forward to ～**	～を楽しみに待つ ● to のあとには名詞か動名詞がくる。

☑

② 見ながらリピート >>>>>>>>> 📱 06-5

英文を見ながら、先生のあとに英語を言ってみよう。

☑

③ 見ないでリピート >>>>>>>>> 📱 06-6

英文を見ずに、先生のあとに英語を言ってみよう。

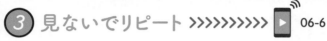

☑

④ しあげのシャドーイング >>> 📱 06-7

英文を見ずに、先生の声の直後を追いかけて英語を言ってみよう。

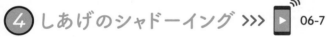

☑

7 家族との会話❷

ちょっと手を貸して

忙しい朝。お母さんはジムにいくつか手伝いを頼んでいます。

つきっきり英文解説 >>> 07-1 ～07-3

モデル音声と解説を聞いて、英文の内容を確認しよう。
大事なところはメモを取ろう。

A: Hey Jim, could you **lend** me a hand with some things?

B: Sure, Mom. What do you need me to do?

A: Will you **take out** the **garbage**? It's those three bags over there. **Make sure** you put the **plastic** bottles in the **recycle** box.

B: Sure. Anything **else**?

A: Could you also **hang** the **laundry**? The **clothes** are in the washing machine.

B: **No problem.**

A: Thanks, Jim. You're a big help. I'm a little busy **preparing** lunch for our **guests** today.

英文の訳

A：ねえジム、ちょっと手を貸してもらえない？

B：うん、ママ。何をしてほしいの？

A：ゴミを出してくれる？　あそこにあるあの３つの袋なんだけど。ペットボトルはちゃんとリサイクルの箱に入れるようにしてね。

B：わかった。ほかに何かある？

A：洗濯物を干してもらえない？　服は洗濯機の中にあるから。

B：問題ないよ。

A：ありがとう、ジム。すごく助かるわ。今日のお客様のランチの準備をするのにちょっと忙しくて。

文法と表現

What do you need me to do?
〈need ＋人＋ to *do*〉
〈need ＋人＋ to *do*〉で「（人）に～してもらう必要がある」という意味。

I'm a little busy preparing ～.
〈busy ＋現在分詞〉
be busy *doing* で「～するのに忙しい」の意味。この意味では be busy to *do* とはふつう言わないので注意。

次はトレーニング！

Nobu's トレーニング

元気に言ってみよう！
Don't be shy!

① 単語・表現チェック >>>>>>> 07-4

英検によくでるものを集めました。先生のあとに英語を繰り返そう。

☐ **lend**	動（lend A B で）A に B を貸す ▶ lend a hand 手を貸す、手伝う ★ lend-lent-lent
☐ **borrow**	動 を借りる〈from 〜から〉
☐ **take out 〜**	〜を持ち出す
☐ **garbage**	名 ごみ、生ごみ
☐ **make sure 〜**	〜であることを確実にする
☐ **be sure of 〜**	〜を確信している
☐ **plastic**	名 形 プラスチック（の） ●「ペットボトル」はふつう plastic bottle と言う。
☐ **recycle**	名 再生、リサイクル　動 を再生利用する
☐ **else**	副 そのほかに、代わりに
☐ **hang**	動 を掛ける、をつるす ★ hang-hung-hung
☐ **laundry**	名 洗濯物
☐ **clothes**	名 衣服
☐ **No problem.**	いいですとも。
☐ **guest**	名 客、宿泊客、招待客

☑

② 見ながらリピート >>>>>>>>> 07-5

英文を見ながら、先生のあとに英語を言ってみよう。

☑

③ 見ないでリピート >>>>>>>>> 07-6

英文を見ずに、先生のあとに英語を言ってみよう。

☑

④ しあげのシャドーイング >>> 07-7

英文を見ずに、先生の声の直後を追いかけて英語を言ってみよう。

☑

まだ起きてるの?

夜遅い時間。お母さんはランディーの部屋がまだ明るいことに気づきました。

つきっきり英文解説 >>> 08-1 ~08-3

モデル音声と解説を聞いて、英文の内容を確認しよう。
大事なところはメモを取ろう。

A: Randy, are you still **awake**?

B: Yeah, Mom. Come in.

A: It's **almost** midnight. What are you doing?

B: I'm doing some **research** for my **chemistry report**. I have to **hand in** the **report** this Thursday.

A: When do you think you'll finish?

B: I'm **mostly** finished. I just need to **look up** one last thing.

A: OK. Well, you have to **wake up** early for your soccer game tomorrow. You need to get some **rest**.

B: I will.

英文の訳

A：ランディー、まだ起きてるの?
B：うん、ママ。入って。
A：もう少しで深夜12時よ。何してるの?
B：化学のレポートの調べ物をしてるんだよ。今週の
　　木曜日にレポートを出さないといけないんだ。
A：何時に終わりそう?
B：ほとんど終わってるんだよ。最後の1個を調べな
　　きゃならないだけ。
A：わかった。ねえ、明日はサッカーの試合で早起き
　　しないといけないわ。ちゃんと休まないと。
B：そうするよ。

文法と表現

When do you think you'll finish?
〈疑問詞で始まる間接疑問文〉

「あなたは、あなたがいつ終わると思いますか。」の意味。do you think でたずねるときは、疑問詞は文の最初にくる。think のあとは〈主語＋動詞［助動詞］〉の間接疑問文の語順になることに注意。

次はトレーニング!

合格直行！
Nobu's トレーニング

一緒に声に出して
マスターしよう！

① 単語・表現チェック >>>>>>> 📱 08-4

英検によくでるものを集めました。先生のあとに英語を繰り返そう。

□ awake	形 目が覚めて
□ asleep	形 眠って
□ research	名 調査、研究
□ researcher	名 研究者
□ chemistry	名 化学
□ biology	名 生物学
□ report	名 レポート、報告　動（を）報道する、（を）報告する
□ hand in ～	～を提出する
□ mostly	副 大部分は、主として
□ look up ～	～を調べる　▶ look up a word in a dictionary 単語を辞書で引く
□ wake up	目を覚ます
□ wake	動（wake A up で）A を起こす　★ wake-woke-waken
□ rest	名 休み、休憩
□ get a rest	休憩する

② 見ながらリピート >>>>>>>>> 📱 08-5

英文を見ながら、先生のあとに英語を言ってみよう。

③ 見ないでリピート >>>>>>>>> 📱 08-6

英文を見ずに、先生のあとに英語を言ってみよう。

④ しあげのシャドーイング >>> 📱 08-7

英文を見ずに、先生の声の直後を追いかけて英語を言ってみよう。

39

最初は間違えても OK。
問題を解きながら新しい単熟語を覚えましょう。

次の (1) から (5) までの (　　　) に入れるのに最も適切なものを 1、2、3、4 の中から一つ選びなさい。

(1) A: Mom, I saw an ambulance next door this morning when I left for school.

B: Yes. That (　　　) me, too. But I saw it leave without anyone in the back!

1 decided　　　**2** disliked　　　**3** surprised　　　**4** realized

(2) A: Now that you're going to college, have you thought about what to major in? You're interested in writing stories, right?

B: Yeah, Dad, but I'd rather major in (　　　). I really want to learn more about oil painting.

1 history　　　**2** law　　　**3** literature　　　**4** art

(3) A: Sam, your room is a mess. I'd like you to clean up those books on your desk.

B: I'm pretty busy today. (　　　), I can take care of it tomorrow.

1 Accidentally　　**2** Hopefully　　**3** Immediately　　**4** Shortly

(4) A: Tony, I'm going shopping at the Rainbow mall. Is there anything you need?

B: I can't think of anything. Mom, wait, that mall is close to the station, right? Can you (　　　)?

1 give me a ride　　**2** take me home　　**3** look after me　　**4** go back

(5) A: Are the kids asleep? They were so excited at the adventure park today.

B: Yes. It took a while. I had to read them two stories, but now they (　　　) to sleep.

1 have been　　　**2** have gone　　　**3** had been　　　**4** had gone

解答・解説

(1) 解答 3

A：ママ、今朝学校に行くときにお隣で救急車を見たんだけど。

B：ええ。私も驚いたんだけど。でも後ろに誰も乗せずに走り去るのを見たわ！

解説 選択肢は全て他動詞。空所の後ろにmeがあるのでsurprise「〜を驚かせる」が適切。surpriseは受け身形で使うだけでなく、このように目的語が続く形でも使われるので覚えておこう。decide「〜を決める」、dislike「〜を嫌う」、realize「〜を実感する」。

(2) 解答 4

A：いよいよ大学に行くけど、何を専攻するか考えたかい？ 物語を書くことに興味があるんだろう？

B：そうなの、パパ、でもむしろ芸術を専攻したいの。ほんとうに油絵についてもっと学びたいのよ。

解説 大学で何を専攻するか、についての親子の会話。oil paintingを学ぶのはart「芸術」専攻が適切。history「歴史」、law「法律」、literature「文学」。

(3) 解答 2

A：サム、あなたの部屋が散らかっているわよ。机の上の本をきれいにしてちょうだい。

B：今日はすごく忙しいんだ。うまくいけば明日片づけられるよ。

解説 今日ではなく、明日片づけられる、と言っているので、「直ちに」「近々」といった語はそぐわない。hopefully「うまくいけば、できれば」が入る。accidentally「偶然に」、immediately「直ちに」、shortly「近々」。

(4) 解答 1

A：トニー、レインボーモールに買い物に行ってくるわ。何かほしいものある？

B：思いつかないな。ママ、待って、あのモールは駅に近いよね？ ぼくを乗せていってくれる？

解説 give A a rideで車などに「A（人）を乗せて行く」という意味になる。take me home「私を家に連れて行く」、look after me「私の世話をする」、go back「帰る」。

(5) 解答 2

A：子どもたちは眠っている？ 今日のアドベンチャーパークではすごく興奮していたね。

B：ええ。しばらくかかったわ。お話を2つ読まなければならなかったけど、今寝ついたところよ。

解説 go to sleepで「寝つく、寝入る」の意味になる。「今寝ついた」という意味を表す現在完了have goneが適切。nowがあるのでhad goneは不適。

お迎えに行ける？

夕方、エマは会社の会議を抜け出して、夫の携帯に電話しています。

つきっきり英文解説 >>> 09-1 ～09-3

モデル音声と解説を聞いて、英文の内容を確認しよう。
大事なところはメモを取ろう。

A: Hi **honey**, it's me, Emma.

B: Hey Emma, **what's up?**

A: I need to ask you a **favor**.

B: Sure, what is it?

A: Do you think you could **pick up** Ken at his **kindergarten** today? I'm **in the middle of** a meeting with my **boss** now, and it's taking a little longer than I **expected**.

B: **No problem.** I'll go **pick** him **up**. The pick-up time is 5:30 p.m., right?

A: Yes, but **try to** be there five or ten minutes early **just in case**.

B: **Got it.**

英文の訳

A：もしもしあなた、私よ、エマよ。
B：やあエマ、どうしたの？
A：あなたにお願いがあるの。
B：いいよ、何？
A：今日、ケンを幼稚園に迎えに行ってもらうことってできるかしら？　私は今上司と会議中なんだけど、思ったよりも少し時間がかかりそうなの。
B：問題ないよ。迎えに行ってくるよ。お迎えの時間は午後 5 時 30 分だよね？
A：うん、でも念のため 5 分か 10 分早めに行くようにしてね。
B：了解。

文法と表現

I'll go pick him up.〈句動詞の目的語〉
pick up のように他動詞の働きをする熟語では、him などの代名詞が目的語のときは〈動詞＋代名詞＋副詞〉の語順になる。〈go ＋動詞の原形〉は「～しに行く」というくだけた言い方。

次はトレーニング！

Nobu's トレーニング

がんばった分だけ
しっかり身につくよ！

① 単語・表現チェック >>>>>>> 09-4

英検によくでるものを集めました。先生のあとに英語を繰り返そう。

☐ honey	图 あなた、おまえ（恋人や夫・妻への呼びかけ）、はちみつ
☐ What's up?	どうしたの？ ●「元気？」というくだけたあいさつとしても使われる。
☐ favor	图 親切な行為、好意　●ask *A* a favor で「Aに頼み事をする」の意味。
☐ pick up 〜	〜を（車などで）迎えに行く［来る］、〜を買い求める、〜を入手する
☐ kindergarten	图 幼稚園
☐ in the middle of 〜 　☐ middle	〜の最中で、〜の真ん中に 图 真ん中
☐ boss	图 上司、ボス
☐ expect 　☐ be expected to *do*	動 を予期する、を期待する、〈to *do* 〜すること〉 〜するよう期待される、〜するものとされる
☐ try to *do*	〜しようと努める
☐ just in case 　☐ in any case 　☐ in that case, ...	万一に備えて とにかく その場合には、…
☐ Got it.	わかった。／了解。　●くだけた言い方。I got it. を省略した形。

☑

② 見ながらリピート >>>>>>>>> 09-5

英文を見ながら、先生のあとに英語を言ってみよう。

☑

③ 見ないでリピート >>>>>>>>> 09-6

英文を見ずに、先生のあとに英語を言ってみよう。

☑

④ しあげのシャドーイング >>> 09-7

英文を見ずに、先生の声の直後を追いかけて英語を言ってみよう。

☑

10

明日どこかに行かない？

明日がお休みだったことを思い出した夫婦が、どこかに出かける相談をしています。

つきっきり英文解説 >>> 10-1 ～10-3

モデル音声と解説を聞いて、英文の内容を確認しよう。
大事なところはメモを取ろう。

A: Tomorrow is a **national** holiday, and the kids don't have school. **Why don't we** all go out?

B: Sure! What do you want to do?

A: How about going hiking?

B: **Sounds like fun.** But I think it**'s supposed to** rain tomorrow. The weather **forecast** was saying there's a 60% **possibility** of rain.

A: OK, **forget** about that then.

B: How about going to that new **dinosaur** museum in Jones City?

A: Oh, **that's a great idea**! I heard they have an **excellent display** of **fossils**.

B: Good, let's go there.

英文の訳

A：明日は国民の祝日で、子どもたちは学校が休みよ。
　　みんなで外出するのはどう？
B：いいね！　何をしたい？
A：ハイキングに行くのはどう？
B：楽しそうだね。でも明日は雨っていうことになっ
　　てるよ。天気予報は雨の確率60％って言ってた。
A：オッケー、じゃ、ハイキングはいいわ。
B：ジョーンズシティーにある、あの新しい恐竜博物
　　館に行くのは？
A：ああ、それはすごくいいアイディアね！　すばら
　　しい化石の展示があるって聞いたわ。
B：よし、そこに行こう。

文法と表現

going hiking〈go *doing* の形の語句〉
「ハイキングに行く」は go hiking で、go to hiking とは言わないので注意。go shopping「買い物に行く」、go camping「キャンピングに行く」、go skiing「スキーに行く」、go fishing「つりに行く」、go hunting「狩りに行く」などの決まった言い方がこの形になる。

次はトレーニング！

合格直行！
Nobu's トレーニング

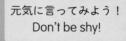
元気に言ってみよう！
Don't be shy!

① 単語・表現チェック ＞＞＞＞＞＞＞ 10-4

英検によくでるものを集めました。先生のあとに英語を繰り返そう。

☐ **national**	［形］国民の、全国的な、国立の
☐ **nation**	［名］国家、(the ～) 国民
☐ **nationality**	［名］国籍
☐ **international**	［形］国際的な
☐ **Why don't we *do*?**	～しましょう。
☐ **be supposed to *do***	～することになっている、(当然)～するものとされている
☐ **forecast**	［名］予報　▶ weather forecast 天気予報
☐ **possibility**	［名］可能性
☐ **possible**	［形］可能な、あり得る
☐ **forget**	［動］を忘れる　★ forget-forgot-forgotten
	● forget to *do* は「～することを忘れる」、forget *doing* は「～したことを忘れる」の意味。
☐ **remember**	［動］を覚えている
☐ **dinosaur**	［名］恐竜
☐ **excellent**	［形］すばらしい、優れた〈in, at ～に〉
☐ **display**	［名］展示　［動］を展示する、を示す
☐ **fossil**	［名］化石

② 見ながらリピート ＞＞＞＞＞＞＞＞＞ 10-5

英文を見ながら、先生のあとに英語を言ってみよう。

Excuse me.
Excuse me.

③ 見ないでリピート ＞＞＞＞＞＞＞＞＞ 10-6

英文を見ずに、先生のあとに英語を言ってみよう。

Excuse me.
Excuse me.

④ しあげのシャドーイング ＞＞＞ 10-7

英文を見ずに、先生の声の直後を追いかけて英語を言ってみよう。

Excuse me. I want to…
Excuse me. I want to…

最初は間違えても OK。
問題を解きながら新しい単熟語を覚えましょう。

対話を聞き、その最後の文に対する応答として最も適切なものを、放送される **1**、**2**、**3** の中から一つ選びなさい。

E02

No. 1 ～ No. 5（選択肢はすべて放送されます。）

解答・解説

No. 1 解答 **3**

☆：Why are you looking at that cooking site?
★：I'd like to bake some cookies by myself, Mom.
☆：I see, but why did you choose cookies?
1 I want to ask you how to get there.
2 I want to buy some cookies.
3 I want to take them to one of my friends.

☆：どうしてそのクッキングサイトを見ているの？
★：自分でクッキーを焼きたいと思っているんだ、ママ。
☆：なるほど、でもどうしてクッキーを選んだの？
1 そこへの行き方を聞きたいんだ。
2 クッキーを買いたいんだ。
3 友達の所に持って行きたいんだ。

解説 自分でクッキーを焼くという息子に、「なぜクッキーにしたのか」と問いかけている。**3**のI want to take them to one of my friends.「友達の所に持って行きたい」という答えが自然。

No. 2 解答 **1**

☆：Can I ask you a favor?
★：Sure, Mom, what's up?
☆：I have some more shopping to do, and can't get back home by 6 p.m. Would you record a TV program for me?
1 No problem.
2 It's up to you.
3 Do what you can.

☆：頼みがあるんだけど。
★：いいよ、ママ、どうしたの？
☆：もう少し買い物があって、午後6時までに家に帰れないの。私のかわりにテレビ番組を録画してくれる？
1 いいよ。
2 ママ次第だよ。
3 できることをやって。

解説 「午後6時までに帰れないからテレビ番組を録画して」と母親に頼まれている。「いいよ」と了承している**1**のNo problem.が適切。

No. 3 解答 **1**

★：This desk is really heavy. I can hardly move it.
☆：Can I help you, Dad?
★：Will you take out the two bottom drawers for me?
1 Sure, hold on a minute.
2 OK, let's move the desk together.
3 Yes, I'll find someone to do that.

★：この机はすごく重たい。ほとんど動かせないよ。
☆：手伝いましょうか、パパ？
★：下の引き出しを2段抜いてくれるかい？
1 いいわよ、ちょっと待って。
2 いいわ、いっしょに机を動かしましょう。
3 ええ、誰かやってくれる人を見つけるわ。

解説 「下の引き出しを2段抜いてくれるか」と頼まれたら、まず引き出しを抜こうとするのが自然。したがって返事としては、Sure, hold on a minute.「いいわよ、ちょっと待って」が適切。

No. 4　解答　1

☆ : That's funny. My password isn't working.
★ : I think Brian changed everyone's passwords for security reasons. Didn't you get the memo from him?
☆ : I guess not.
1　You'd better talk to him.
2 Well, I can't remember his password.
3 He can't find the memo.

☆ : おかしいわ。私のパスワードが効かない。
★ : ブライアンが保安上の理由でみんなのパスワードを変えたんだと思う。彼からメモはもらった？
☆ : もらってないと思う。
1 彼に話したほうがいいよ。
2 それが、彼のパスワードを覚えてないんだ。
3 彼はメモを見つけられないんだ。

> **解説** 「メモはもらっていない」と言われ、You'd better talk to him.「彼に話したほうがいい」つまりブライアンと話したほうがいいと助言している**1**が正解。ブライアンのパスワードは関係がないので**2**は不適。メモはブライアンが書いたので、**3**も不適。

No. 5　解答　3

☆ : You look really sleepy. Can you drive any longer?
★ : Not really. We should stop at the next parking area so I can take a break.
☆ : Good idea. I think the kids are getting hungry, too.
1 Let's keep driving until we get home.
2 Let's order some food to be delivered here.
3　Let's get something to eat there.

☆ : すごく眠そうね。これ以上運転できる？
★ : ちょっと無理かもしれない。次のパーキングエリアで止まるほうがいいね、そうすれば休憩が取れる。
☆ : いい考えね。子どもたちもおなかがすいてきたと思うわ。
1 家に着くまで運転し続けよう。
2 ここに配達してくれるように食べ物を注文しよう。
3 そこで何か食べよう。

> **解説** 「子どもたちもおなかがすいてきたと思う」を受けての応答なので、Let's get something to eat there.「そこで何か食べよう」が適切。there はパーキングエリアを指す。次のパーキングエリアで止まろうと自分で言ったので、**1**は不適切。運転中なので、**2**もありえない。

● 数・量・頻度　▶M02

□ **add**	動 を加える〈to ～に〉	□ **none**	代 1つも［誰も］～ない
□ **count**	動 (を)数える	□ **a number of ～**	いくつかの～(≒ several)、たくさんの～(≒ many)
□ **amount**	名 量、(the ～)合計	□ **a great deal of ～**	大量の～
□ **average**	名 平均	□ **a bunch of ～**	一束の～、一房の～
□ **plenty**	名 (plenty of で)たくさんの、豊富さ	□ **plenty of ～**	たくさんの～
□ **million**	名 百万、(～s)数百万もの人［物］	□ **be full of ～**	～でいっぱいである (≒ be filled with ～)
□ **enough**	形 十分な〈for ～に、to do ～するのに〉	□ **on average**	平均して(≒ averagely)
□ **empty**	形 からの(⇔ full)	□ **at most**	せいぜい、最大でも(⇔ at least)
□ **double**	形 2倍の、2人用の	□ **all year round**	1年中
□ **once**	副 一度、かつて	□ **all the time**	いつでも、その間ずっと
□ **twice**	副 2回、2度	□ **every other month**	1か月おきに
□ **seldom**	副 めったに～(し)ない (≒ rarely)(⇔ often)	□ **now and then**	ときどき
□ **equally**	副 同程度に、等しく	□ **once in a while**	ときどき
□ **gradually**	副 徐々に (≒ little by little)	□ **from time to time**	ときどき

11 学校関係の会話❶

宿題、何だっけ？

ダニーが勉強をしていると、同級生のエレンから電話がかかってきました。

つきっきり英文解説 >>> 📱 11-1 ～11-3

モデル音声と解説を聞いて、英文の内容を確認しよう。
大事なところはメモを取ろう。

A: Hi, Danny. It's Ellen.

B: Hey, Ellen. **What's up?**

A: Can you tell me what the homework is for Mr. Baker's class?

B: Oh, sure. **Hold on. Let** me **check** my **notes**.

A: Thanks. I thought I **put** it **down** in my notebook **somewhere**. But I can't **seem** to find it.

B: I see .... All right. We**'re supposed to** read **an article** about **environmental pollution** on page 15. And also, we have to answer the questions on page 19.

A: **Got it.** Thanks!

英文の訳

A：もしもし、ダニー。エレンだけど。
B：やあ、エレン。どうしたの？
A：ベーカー先生の授業の宿題は何か、教えてくれない？
B：ああ、いいよ。ちょっと待って。ぼくのメモを
チェックさせて。
A：ありがとう。どこかノートに書き留めたと思って
たんだけど。どうも見当たらないの。
B：わかった…。よし。15ページの環境汚染について
の記事を読んでいくことになってる。あと、19
ページの問題に答えないといけない。
A：わかった。ありがとう！

文法と表現

Can you tell me what the homework is ～?
〈間接疑問文〉
whatなどの疑問詞で始まる疑問文がほかの疑問文の
中に入ると、疑問詞のあとは〈主語＋動詞［助動詞］〉
の語順になることに注意。

次はトレーニング！

合格直行！
Nobu's トレーニング

一緒に声に出して
マスターしよう！

① 単語・表現チェック ＞＞＞＞＞＞＞ ▶ 11-4

英検によくでるものを集めました。先生のあとに英語を繰り返そう。

☐ **hold on**	（電話を切らずに）待つ
☐ **hang up**	電話を切る
☐ **check**	動（を）調べる、（を）確かめる、（を）検査する
☐ **examine**	動 を調べる、に試験をする
☐ **review**	動 をよく調べる、（を）復習する
☐ **note**	名 覚え書き、注釈
☐ **put _A_ down**	A を書き留める
☐ **somewhere**	副 どこかに［で、へ］
☐ **sometime**	副（未来の）いつか、（過去の）あるとき、かつて
	▶ I want to go there sometime. 私はいつかそこに行きたい。
☐ **seem**	動 のようだ、のように見える［思える］
	▶ He seems (to be) fine. 彼は元気なようだ。
	▶ He seems like a nice person. 彼はいい人のようだ。
☐ **appear**	動 のように見える、出現する　▶ He appears (to be) fine. 彼は（見たところ）元気なようだ。
☐ **article**	名 記事
☐ **environmental**	形 環境の
☐ **environmentally**	副 環境（保護）の点で
☐ **pollution**	名 汚染

② 見ながらリピート ＞＞＞＞＞＞＞＞＞ ▶ 11-5

英文を見ながら、先生のあとに英語を言ってみよう。

③ 見ないでリピート ＞＞＞＞＞＞＞＞＞ ▶ 11-6

英文を見ずに、先生のあとに英語を言ってみよう。

④ しあげのシャドーイング ＞＞＞ ▶ 11-7

英文を見ずに、先生の声の直後を追いかけて英語を言ってみよう。

12

学校関係の会話❷

スピーチコンテスト

ケンジは英語の授業のあと、トンプソン先生に話しかけます。

つきっきり英文解説 >>> 12-1 ～12-3

モデル音声と解説を聞いて、英文の内容を確認しよう。
大事なところはメモを取ろう。

A: Ms. Thompson, I've **decided** to **enter** next month's English speech contest.

B: Oh, **that's good to hear**, Kenji. What's the **topic** of your speech?

A: It's about things we can do to **protect** the **environment**.

B: Interesting.

A: I've **prepared** most of the speech, but there's one part that I'm **having trouble writing**. Could you please give me some **advice**?

B: **Of course.** I'll be **available** anytime after five tomorrow. Just **stop by** my office.

A: Thank you. I really **appreciate** it.

英文の訳

A：トンプソン先生、ぼくは来月の英語スピーチコン テストに出場することにしました。

B：あら、それはよかったわ、ケンジ。スピーチの話 題は何？

A：環境を守るために私たちができることについてです。

B：興味深いわ。

A：スピーチの大部分は用意できたのですが、書くの に苦戦している部分が1か所あるのです。どうか アドバイスをいただけませんか。

B：もちろん。明日は5時以降ならいつでも空いてい るわよ。私の部屋に寄ってちょうだい。

A：ありがとうございます。ほんとうにありがたいです。

文法と表現

I've decided to enter ～.
〈不定詞を目的語にとる動詞〉

「～することを決心する」は decide to do で表す。 decide は動名詞を目的語にとらないので、decide *doing* としないように注意。

次はトレーニング！

52

合格直行!
Nobu's トレーニング

がんばった分だけ
しっかり身につくよ!

① 単語・表現チェック ＞＞＞＞＞＞＞ 12-4

英検によくでるものを集めました。先生のあとに英語を繰り返そう。

□ **decide**	動 を決心する〈to *do* ～すること〉
□ **decision**	名 決定、決心
□ **make a decision**	決定する、決意する
□ **That's good to hear.**	それはよかったですね。
□ **topic**	名 話題、トピック
□ **protect**	動 を保護する〈from, against ～から〉
□ **environment**	名 環境
□ **have trouble *doing***	～するのに苦労する
□ **trouble**	名 トラブル、悩み（の種）、もめごと ● be in trouble で「困っている、トラブルに巻き込まれている」の意味。
□ **advice**	名 忠告、助言
□ **advise**	動 （に）忠告する
□ **available**	形 手が空いている、入手できる、利用可能な
□ **stop by ～**	～に立ち寄る
□ **drop by**	ひょいと立ち寄る
□ **appreciate**	動 を感謝する

☑

② 見ながらリピート ＞＞＞＞＞＞＞＞＞ 12-5

英文を見ながら、先生のあとに英語を言ってみよう。

☑

③ 見ないでリピート ＞＞＞＞＞＞＞＞＞ 12-6

英文を見ずに、先生のあとに英語を言ってみよう。

☑

④ しあげのシャドーイング ＞＞＞ 12-7

英文を見ずに、先生の声の直後を追いかけて英語を言ってみよう。

☑

13

学校関係の会話❸

日本のどこの出身？

高校生のヨウコは、カナダにホームステイ中。学校の新しい友達と話しています。

つきっきり英文解説 >>> 📱 13-1 〜13-3

モデル音声と解説を聞いて、英文の内容を確認しよう。
大事なところはメモを取ろう。

A: So, where in Japan are you from, Yoko?

B: Well, I'm **originally** from Osaka. But I **grew up** in Hokkaido.

A: Hokkaido ... I've never heard of it.

B: It's a big island in the northern part of Japan. It has been **gaining popularity** among **foreigners** for its ski **resorts**.

A: Oh, I see. So, are you enjoying your **homestay** here in Canada **so far**?

B: Yes. Everybody has been very kind and **friendly**. And the rich **nature reminds** me **of** Hokkaido too. I like it here.

A: I'm happy to hear that.

英文の訳

A：それで、日本のどこの出身なの、ヨウコ？
B：ええと、もともとは大阪の出身。でも北海道で育ったの。
A：北海道…聞いたことないな。
B：日本の北部にある大きな島よ。スキーリゾートでこのところ外国人からの人気を集めてきているのよ。
A：へえ、そうなんだ。それで、今までのところ、ここカナダでのホームステイは楽しんでる？
B：うん。みんなとても親切で親しみやすいの。あと、豊かな自然も北海道を思い出させてくれるし。ここを気に入ってるわ。
A：それを聞いてうれしいよ。

文法と表現

It has been gaining popularity 〜.
〈現在完了進行形〉
〈主語 + have[has] been *doing* 〜.〉の形で、ある動きが過去から現在まで継続していることを表す。ここでは「過去のある時から人気を集め、現在もさらに人気を集め続けている」ということを1つの文で表す働きをしている。

次はトレーニング！

合格直行！
Nobu's トレーニング

> 元気に言ってみよう！
> Don't be shy!

① 単語・表現チェック ＞＞＞＞＞＞＞ 📱 13-4

英検によくでるものを集めました。先生のあとに英語を繰り返そう。

☐ **originally**	副 もともと、最初は
☐ **grow up** 　☐ **grow**	成長する、大人になる 動 成長する、（数量などが）増大する、を栽培する　★ grow-grew-grown
☐ **gain**	動 を得る（⇔ lose）、を増す　▶ gain weight 体重が増える
☐ **popularity** 　☐ **be popular with ～**	名 人気 ～に人気がある
☐ **foreigner** 　☐ **foreign**	名 外国人 形 外国の
☐ **resort**	名 リゾート、保養地、行楽地
☐ **homestay**	名 ホームステイ
☐ **so far**	今までのところ、そこまでは
☐ **friendly**	形 友好的な、人なつっこい
☐ **nature** 　☐ **by nature** 　☐ **natural**	名 自然、性質 生まれつき 形 自然の、当然の、生まれつきの
☐ **remind A of B**	A に B を思い出させる

☑

② 見ながらリピート ＞＞＞＞＞＞＞＞＞ 📱 13-5

英文を見ながら、先生のあとに英語を言ってみよう。

☑

③ 見ないでリピート ＞＞＞＞＞＞＞＞＞ 📱 13-6

英文を見ずに、先生のあとに英語を言ってみよう。

☑

④ しあげのシャドーイング ＞＞＞ 📱 13-7

英文を見ずに、先生の声の直後を追いかけて英語を言ってみよう。

☑

次の三つの会話文を完成させるために、*(1)* から *(3)* までの (　　　) に入れるのに最も適切なものを
1、**2**、**3**、**4** の中から一つ選びなさい。

(1) **A :** Hi, Louise. Welcome back from Hawaii! How was your brother's wedding?

B : Everything was fantastic. I'll never forget the ceremony.

A : So, (**1**)?

B : My grandfather's speech. At first, we were worried, but he did great!

1 what impressed you the most

2 what kind of food did you have

3 how long did it take to finish the ceremony

4 how many people gave speeches

(2) **A :** Would you like to come over and play video games tomorrow night? I was thinking we could order a pizza for dinner.

B : Tomorrow? I'd love to play some games, but I don't really care for pizza.

A : Actually, (**2**).

B : That sounds great. I'm going to the gym in the late afternoon. I'll come by after that.

1 we can play whatever game you like

2 I usually get plain cheese

3 it only takes about forty minutes

4 the pizza place also has chicken

(3) **A :** Mr. Smith, I passed the examination. I got into the university of my choice.

B : Oh, that's good to hear.

A : This is a document from the university. Would you help me look through it? I want to (**3**).

B : Sure, let me check.

1 know what exams you have given

2 make sure what I need to prepare

3 find out whether I passed the exam or not

4 decide which university I should choose

解答・解説

(1) 解答 1

A：やあ、ルイーズ。ハワイからお帰り！ お兄さんの結婚式はどうだった？

B：全てが夢のようだったわ。式のことは忘れられないわ。

A：それで、何にいちばん感動したの？

B：祖父のスピーチよ。私たちは最初心配していたんだけど、彼はすばらしかったの！

1 何にいちばん感動したの

2 どんなものを食べたの

3 式が終わるまでどのくらい時間がかかったの

4 何人がスピーチをしたの

解説 空所のあとの応答から、どのような質問だったかを推測する。B は My grandfather's speech. と答えているので、この答えにふさわしいのは what impressed you the most「何にいちばん感動したか」という質問である。

(2) 解答 4

A：明日の晩、うちに来てテレビゲームをやらない？ 夕食にピザをとろうかと思っているんだ。

B：明日？ ゲームはしたいけど、ピザはあまり好きじゃないな。

A：実は、そのピザ屋にはチキンもあるよ。

B：それはいいね。午後遅くにジムに行くつもりなんだ。そのあとに寄るね。

1 君が好きなゲームならなんでもできるよ

2 ぼくはたいていプレーンチーズを頼むよ

3 40分くらいしかかからないよ

4 そのピザ屋にはチキンもあるよ

解説 I don't really care for pizza「ピザはあまり好きではない」という発言を受けて、Actually「実は」と始めているので、ピザに関することを述べていると推測できる。したがって、**4** の the pizza place also has chicken が正解。意味は「そのピザ屋にはチキンもあるよ」で、ピザがあまり好きではないのなら、チキンもあると提案している。

(3) 解答 2

A：スミス先生、試験に合格しました。希望する大学に入りました。

B：ああ、それはよかった。

A：これは大学からの書類です。目を通すのを手伝っていただけますか。用意する必要のあるものを確かめたいんです。

B：いいですよ、チェックしましょう。

1 先生がどんな試験を出したかを知る

2 用意する必要のあるものを確かめる

3 試験に合格したかどうかを調べる

4 どの大学を選ぶべきかを決める

解説 最初の発言でAは大学に合格したと言っている。空所のある文の前で「合格した大学からの書類に目を通すのを手伝って」と言っているので、大学入学に必要なものを確かめるという**2**が適切。

14 仕事の会話❶ 日程の調整

会社員のジムは、来月のイベントの件で、同僚のカトウさんと打ち合わせが必要です。

つきっきり英文解説 >>> 📱 14-1 〜14-3

モデル音声と解説を聞いて、英文の内容を確認しよう。
大事なところはメモを取ろう。

A: Ms. Kato, I'd like to **arrange** a meeting with you to **discuss** next month's **event**. Are you **available** to meet **sometime** next week?

B: **Let** me **check** my **schedule**. OK, I'm free Wednesday afternoon from 2 to 5 p.m.

A: Hmm, that won't **work** for me. Any **other dates**?

B: I can make some time Tuesday morning, too.

A: Oh really? That would be **perfect**.

B: What time would be good for you?

A: How about meeting at 9:30?

B: **Sounds** good. See you then.

英文の訳

A：カトウさん、来月のイベントの件を話し合うのに、あなたとの打ち合わせを設定したいのですが。来週いつかお会いできますか。

B：スケジュールを確認させてください。はい、水曜日の午後2時から5時までは空いています。

A：うーん、そこは私はだめです。どこかほかの日程は？

B：火曜日の午前中にも多少時間を作れますよ。

A：あ、ほんとうですか？ それなら完ぺきです。

B：何時だと都合がいいですか。

A：9時30分に会うのはいかがでしょうか。

B：いいですね。ではそのときに。

文法と表現

I'd like to arrange a meeting 〜.
〈would like to 〜〉
I'd は I would の省略形。I would like to 〜. は「〜したいのですが。」の意味で、I want to 〜. のていねいな言い方。

That would be perfect. 〈控えめさを表す would〉
would は控えめな感じを表す。「（もしも火曜日に時間を作ってくれたら）完ぺきです」のかっこ内が省略されていると考える。

次はトレーニング！

合格直行！
Nobu's トレーニング

一緒に声に出して
マスターしよう！

① 単語・表現チェック >>>>>>> ▶ 14-4

英検によくでるものを集めました。先生のあとに英語を繰り返そう。

☐ arrange	動 を取り決める、準備をする〈for 〜の〉
☐ discuss	動 について議論する　● discuss about とはしない。
☐ discussion	名 議論
☐ argument	名 口論、論争、主張
☐ event	名 行事、出来事
☐ schedule	名 スケジュール、予定　動（受身形で）予定される
☐ on schedule	予定どおりに
☐ work	動 うまくいく、働く
☐ other	形 ほかの、(the 〜)(2 つのうちの) もう一方の
☐ date	名 日付、デート　動（と）デートする
☐ out of date	時代遅れの［で］
☐ up to date	最新の［で］
☐ perfect	形 完ぺきな、完全な
☐ perfectly	副 完全に、完ぺきに
☐ completely	副 完全に

② 見ながらリピート >>>>>>>>> ▶ 14-5

英文を見ながら、先生のあとに英語を言ってみよう。

③ 見ないでリピート >>>>>>>>> ▶ 14-6

英文を見ずに、先生のあとに英語を言ってみよう。

④ しあげのシャドーイング >>> ▶ 14-7

英文を見ずに、先生の声の直後を追いかけて英語を言ってみよう。

15 重要なプレゼンがあるの

会社員のエリカは、明日の仕事について夫に相談事があるようです。

つきっきり英文解説 >>> 15-1 〜15-3

モデル音声と解説を聞いて、英文の内容を確認しよう。
大事なところはメモを取ろう。

A: I'm going to give a **presentation** to Mr. Robinson tomorrow.

B: Your company **president**? Wow! What are you going to talk about?

A: I'm going to **propose ideas** on how to **improve** our **products** and **services**.

B: It **sounds** like an important **presentation**.

A: It is. To be **honest**, I'm a little **nervous**.

B: Don't **worry**. Just **take a deep breath**, and you'll do fine.

A: Thanks.

B: **Good luck**. Let's **celebrate** with a nice dinner tomorrow!

英文の訳

A：明日、ロビンソンさんにプレゼンするの。
B：きみの会社の社長に？ すごい！ 何について話すの？
A：私たちの商品とサービスをどう改善すべきかについて、アイディアを提案するの。
B：重要なプレゼンのようだね。
A：重要よ。正直に言うと、ちょっと緊張してる。
B：心配しないで。ただ深呼吸をするだけで、きみならうまくやれるよ。
A：ありがとう。
B：がんばって。明日はおいしい夕食でお祝いしよう！

文法と表現

It is. 《〈代名詞＋動詞［助動詞］.〉のあいづち》
相手の言ったことを受けて「そうです。」と応じるときの言い方で、あとの動詞［助動詞］を強く発音することで、強い肯定を表す。

次はトレーニング！

合格直行！
Nobu's トレーニング

1 単語・表現チェック ＞＞＞＞＞＞ 15-4

英検によくでるものを集めました。先生のあとに英語を繰り返そう。

☐ **presentation**	名 発表、プレゼンテーション、提示、贈呈
☐ **president**	名 社長、（しばしば P-）大統領
☐ **propose**	動 を提案する、結婚を申し込む〈to ～に〉
☐ **improve**	動 を改良［改善］する、よくなる
☐ **product** ☐ **produce** ☐ **production**	名 製品、産物、結果 動 （を）生産する、を引き起こす 名 生産
☐ **service**	名 サービス、（しばしば ～s）奉仕
☐ **honest**	形 正直な　● to be honest で「正直なところ」という意味。
☐ **worry**	動 心配する、を心配させる　● Don't worry. で「ご心配なく。」という意味。
☐ **take a deep breath** ☐ **breath** ☐ **breathe**	深呼吸をする 名 息 動 呼吸する
☐ **Good luck.** ☐ **luck**	がんばって。／幸運を。 名 幸運、運

2 見ながらリピート ＞＞＞＞＞＞＞＞ 15-5

英文を見ながら、先生のあとに英語を言ってみよう。

3 見ないでリピート ＞＞＞＞＞＞＞＞ 15-6

英文を見ずに、先生のあとに英語を言ってみよう。

4 しあげのシャドーイング ＞＞＞ 15-7

英文を見ずに、先生の声の直後を追いかけて英語を言ってみよう。

16 仕事の会話❸

間に合わないかも

営業に出ていた同僚のベンから、会社に電話がかかってきました。

つきっきり英文解説 >>> 16-1 ～16-3

モデル音声と解説を聞いて、英文の内容を確認しよう。
大事なところはメモを取ろう。

A: Thank you for calling ICJ **Publishing**. **This is** Kate **speaking**.

B: Hi, Kate, it's Ben. Listen, I'm **heading** back to the office now, but I'm **stuck** in a **traffic** jam. It looks like there was an **accident**.

A: Oh no, are you OK?

B: Yes, I'm fine. But I**'m worried about** our **appointment** with Mr. Smith. It's **scheduled** for 11, but I may not **make it in time**.

A: OK. Well, I can **go ahead** and start the meeting without you.

B: Will you do that? I'll be there **as** soon **as** possible.

英文の訳

A：お電話ありがとうございます、ICJ出版です。ケイトと申します。
B：やあ、ケイト、ベンだよ。聞いて、今、会社に戻っている途中なんだけど、渋滞にはまっちゃったんだ。事故があったみたいで。
A：あらいやだ、大丈夫？
B：うん、大丈夫。でもスミスさんとの約束が心配で。11時の予定なんだけど、時間には間に合わないかもしれない。
A：わかった。じゃあ、あなた抜きで先に私が打ち合わせを始めておくわ。
B：そうしてくれるかい？ できるだけ早く行くよ。

文法と表現

I'm stuck in ～.〈by以外を使う受け身〉
be stuck in ～ は「～にはまっている」という意味。受け身の文だが、by以外の前置詞が使われている。

It looks like ～.〈接続詞のlike〉
「それは（まるで）～のように見える」という意味。like のあとには名詞や動名詞のほか、このように〈主語＋動詞 ～〉がくることもある。

次はトレーニング！

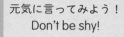
元気に言ってみよう！
Don't be shy!

合格直行！
Nobu's トレーニング

 ① 単語・表現チェック >>>>>>> ▶ 16-4

英検によくでるものを集めました。先生のあとに英語を繰り返そう。

□ **publishing**	名 出版
□ **publish**	動 を出版する
□ **This is _A_ speaking.**	（電話で）A です。
□ **stick**	動 くっつく〈to ～に〉、を突き刺す ★ stick-stuck-stuck ● be[get] stuck で「～にはまる」「身動きできなくなる」の意味。
□ **traffic**	名 交通（量）▶ traffic jam 交通渋滞
□ **be worried about ～**	～を心配する
□ **appointment**	名 （面会などの）予約、約束、任命
□ **make an appointment with ～**	～の予約をする
□ **make it**	（乗り物などに）間に合う、うまくいく
□ **in time**	間に合って
□ **go ahead**	先に行く ● Go ahead. は、相手をうながして「（お先に）どうぞ。」という意味。
□ **ahead**	副 （位置的に）前方に［へ］、（時間的に）前もって
□ **ahead of ～**	～に先立って、～の前に
□ **as ～ as possible**	できるだけ～ ● as soon as possible で「できるだけ早く」の意味。

☑

 ② 見ながらリピート >>>>>>>>>> ▶ 16-5

英文を見ながら、先生のあとに英語を言ってみよう。

☑

 ③ 見ないでリピート >>>>>>>>>> ▶ 16-6

英文を見ずに、先生のあとに英語を言ってみよう。

☑

 ④ しあげのシャドーイング >>> ▶ 16-7

英文を見ずに、先生の声の直後を追いかけて英語を言ってみよう。

☑

対話を聞き、その質問に対して最も適切なものを**1**、**2**、**3**、**4**の中から一つ選びなさい。

No. 1
   1 To discuss a future presentation.
   2 To plan a welcome dinner.
   3 To practice their presentation.
   4 To review a former presentation.

No. 2
   1 To give Mr. Wilson a message to send to Nancy and Kate.
   2 To ask Mr. Wilson if she could skip practice this week.
   3 To tell Mr. Wilson she will be absent from school with the flu.
   4 To ask Mr. Wilson to confirm the next basketball practice.

No. 3
   1 Eat the Mexican dishes that the man had for lunch.
   2 Eat Mexican dishes on their veranda at home.
   3 Have Chinese food at the restaurant.
   4 Order Chinese dishes to take out.

No. 4
   1 He could not get any DVDs over the Internet.
   2 He ordered too many DVDs over the Internet.
   3 He only got the first DVD at half price.
   4 He had to buy all of the DVDs at the regular price.

No. 5
   1 Call his niece again after three.
   2 Hold on until his niece can talk.
   3 Visit his niece to have tea.
   4 Wait for his niece to call him back.

解答・解説

No. 1 解答 **1**

★：Would you arrange a meeting for me?
☆：OK. Who do you want there?
★：I'd like to discuss the next month's presentation with our team.
☆：How about this Friday afternoon? We're having a welcome dinner for William that evening, so all of them should be available.

Question: Why does the man want to have a meeting?

★：ぼくのかわりに会議を手配してくれない？
☆：わかったわ。誰に参加してほしいの？
★：来月のプレゼンテーションについてチームと話し合いたいんだ。
☆：今週金曜日の午後はどう？　その夜にウィリアムのための歓迎ディナーがあるから、みんな出席できるはずよ。
質問：男性はなぜ会議を開催したいのか。

1 今後のプレゼンテーションについて話し合うため。　　**2** 歓迎ディナーを計画するため。
3 自分たちのプレゼンテーションを練習するため。　　**4** 以前のプレゼンテーションを見直すため。

解説 男性は2回目の発言で、会議の目的について話している。I'd like to discuss the next month's presentation with our team. 「来月のプレゼンテーションについてチームと話し合いたい」というのがその目的なので、これを言い換えた**1**が正解となる。

No. 2 解答 **2**

★：Hello, Wilson speaking.
☆：Good evening, Mr. Wilson. Is it OK if I don't come to basketball practice this week?
★：Actually, Nancy and Kate are absent from school with the flu. I'm going to cancel practice this week.
☆：Sorry, I didn't realize they were sick. I'm looking forward to having practice next week.

Question: Why did the girl call Mr. Wilson?

★：もしもし、ウィルソンです。
☆：こんばんは、ウィルソン先生。今週、バスケットの練習を休んでも構いませんか。
★：実はナンシーとケイトがインフルエンザで学校を休んでいるんだ。今週は練習をキャンセルするつもりだよ。
☆：そうですか、彼女たちが病気だとは気づきませんでした。来週の練習を楽しみにしています。
質問：女の子はなぜウィルソン先生に電話したか。

1 ウィルソン先生にナンシーとケイトへの伝言を伝えるため。
2 ウィルソン先生に、今週練習を休めるかたずねるため。
3 ウィルソン先生にインフルエンザで学校を休むことを伝えるため。
4 ウィルソン先生に次のバスケットの練習を確認するようにお願いするため。

解説 女の子の最初の発言でIs it OK if I don't come to basketball practice this week?「今週、バスケットの練習を休んでも構いませんか」と言っており、これが電話をした目的である。skip practiceと言い換えた**2**が正解。

No. 3 解答 **4**

★：What shall we eat tonight?
☆：How about Mexican?
★：Well, I had that for lunch. How about Chinese? We can get take-out. That way we can enjoy the meal on the veranda at home.
☆：Good idea. The weather's perfect for eating outdoors. I'll pick it up on my way home.

Question: What will they do for dinner?

★：今晩、何を食べる？
☆：メキシコ料理はどうかしら。
★：いや、それはランチで食べた。中華はどう？テイクアウトできるよ。そうすれば、家のベランダで食事を楽しめるし。
☆：いい考えね。気候も外で食べるのにぴったり。帰りに買ってくるわ。
質問：彼らは夕食をどうするか。

1 男性がランチに食べたメキシコ料理を食べる。　**2** 家のベランダでメキシコ料理を食べる。

3 レストランで中華料理を食べる。　　**4** テイクアウト用に中華料理を注文する。

解説 How about Chinese?「中華はどうか」という男性の提案に、女性はGood idea.と応じ、「帰りに買ってくる」と言っている。したがって、**4**の中華のテイクアウトに決めたとわかる。

No. 4 　解答　**3**

☆：I've never shopped using the Internet. Is it dangerous?

★：Sometimes. I once ordered twelve DVDs. I thought I could get all of them at half price, but I had to pay the regular price from the second one!

☆：That's too bad, Marty. Why did you have to do that?

★：Because I didn't read the information on the website carefully.

Question: What is one thing we learn about Marty?

☆：インターネットを使って買い物したことはないんだけど。危険なの？

★：時にはね。一度、DVDを12枚頼んだことがある。全部半額で買えると思っていたけど、2枚目からは通常料金を払わなきゃならなかったんだ！

☆：それは残念ね、マーティ。どうしてそうしなきゃならなかったの？

★：ウェブサイトに書かれた情報をじっくり読まなかったからだよ。

質問：マーティについてわかることの1つは何か。

1 インターネットではDVDを買えなかった。

2 インターネットでたくさんDVDを買いすぎた。

3 1枚目のDVDだけ半額で買った。

4 全部のDVDを通常料金で買わなければならなかった。

解説 マーティはDVDの2枚目からは通常料金を払わなければならなかったと言っている。**3**はこの内容を言い換えたもの。

No. 5 　解答　**1**

★：Hi, it's me, Sam.

☆：Ah, sorry, Uncle Sam. I'm talking over a cup of tea with my neighbor now.

★：No problem. It seems you're busy. I can call you back later.

☆：If you wouldn't mind…. I'll have more time to talk to you after three.

★：OK, I'll call you back then.

Question: What is Sam probably going to do?

★：やあ、ぼくだ、サムだよ。

☆：ああ、ごめんなさい、サムおじさん。今ご近所さんとお茶を飲みながらおしゃべりしているの。

★：そうか。忙しそうだね。あとで電話してもいいよ。

☆：構わなければ…。3時以降だったら、お話しする時間があるわ。

★：わかった。じゃあその頃に電話するよ。

質問：サムはおそらく何をするか。

1 3時以降にもう一度めいに電話する。　　**2** めいが話せるまで電話を切らずに待つ。

3 お茶を飲みにめいの家を訪ねる。　　**4** めいが電話を折り返すのを待つ。

解説 3時以降なら話す時間がある、というめいの言葉を受けて、サムはI'll call you back then.「その頃に電話する」と言っている。したがって、「3時以降にもう一度めいに電話する」と考えられる。**1**が正解。

まとめて覚える！単熟語

レッスンに登場していない重要単熟語です。
音声のあとに英語を繰り返しましょう。

●仕事・職業

▶ M03

□ cost	動 (費用)がかかる		□ sailor	名 船乗り
□ earn	動 (金銭など)を稼ぐ、(名声など)を得る		□ soldier	名 兵士、(陸軍の)軍人
□ interview	動 と面接する、にインタビューする		□ employee	名 従業員
□ trade	動 貿易をする、(を)交換する〈with ～と〉		□ staff	名 (集合的に)スタッフ、職員
□ actor	名 俳優		□ co-worker	名 同僚、協力者
□ athlete	名 運動選手		□ factory	名 工場
□ author	名 作家(≒ writer)、著者		□ operation	名 手術、操作
□ carpenter	名 大工		□ conference	名 (公式の)会議、協議会
□ chef	名 シェフ、料理長、料理人		□ project	名 計画、事業、プロジェクト
□ director	名 (映画の)監督、管理者		□ bill	名 請求書、紙幣
□ dentist	名 歯科医師		□ official	形 職務上の、公式の、正式の
□ explorer	名 探検家		□ on business	仕事で
□ mayor	名 市長		□ take over ～	～を引き継ぐ
□ officer	名 警官、役人		□ work for ～	～で働く
□ photographer	名 写真家			

ケーキはないのですが…

おなかがすいたジュディーは、すてきなカフェを見つけたので入ってみました。

つきっきり英文解説 >>> ▶ 17-1 〜17-3

モデル音声と解説を聞いて、英文の内容を確認しよう。
大事なところはメモを取ろう。

A: Are you ready to **order**, **ma'am**?

B: Yes, can I have a ham sandwich **meal** with a cup of coffee?

A: Sure. Would you like anything **else**?

B: Um, I'd like to have something sweet, like a cake.

A: I'm **afraid** we don't have any cakes right now. But we do have **a variety of other desserts**. Here's the list.

B: Oh, great. Wow, what a **selection**!

A: If this is your first time, I'd **recommend** the almond **honey** cookie. It's **delicious**. **Customers** love it.

B: OK, I'll try that. Thank you.

英文の訳

A：ご注文はお決まりですか、お客様。
B：はい、ハムサンド定食とコーヒーを1杯もらえます？
A：はい。ほかに何かいかがですか？
B：うーん、何か甘いものがほしいな、ケーキみたいな。
A：申し訳ないのですがケーキは今ないんですよ。でもほかにもいろいろなデザートがございます。こちらがリストです。
B：あら、すごい。わあ、なんという品ぞろえ！
A：もし今回が初めてでしたら、アーモンドハニークッキーがおすすめです。おいしいですよ。お客様に大人気です。
B：いいわ、それにしてみます。ありがとう。

文法と表現

we do have 〜〈強調〉
do を動詞の前にそえることで、あとの動詞を強調する。do を強く読む。

I'd recommend 〜.〈仮定法〉
この would は「（もし私だったら）〜をおすすめするでしょう」という意味合いで、アドバイスするときによく使われる。

次はトレーニング！

合格直行！
Nobu's トレーニング

一緒に声に出して
マスターしよう！

① 単語・表現チェック >>>>>>> ▶ 17-4

英検によくでるものを集めました。先生のあとに英語を繰り返そう。

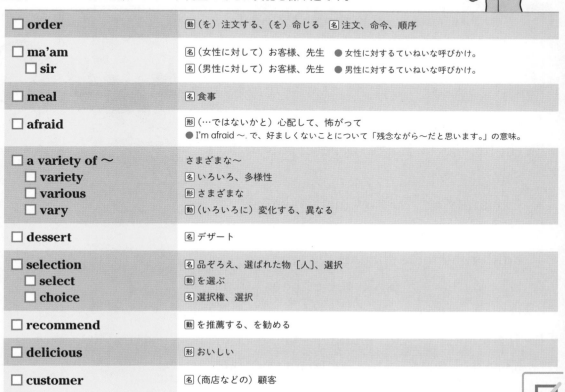

□ order	動（を）注文する、（を）命じる　名 注文、命令、順序
□ ma'am	名（女性に対して）お客様、先生　● 女性に対するていねいな呼びかけ。
□ sir	名（男性に対して）お客様、先生　● 男性に対するていねいな呼びかけ。
□ meal	名 食事
□ afraid	形（…ではないかと）心配して、怖がって ● I'm afraid 〜. で、好ましくないことについて「残念ながら〜だと思います。」の意味。
□ a variety of 〜	さまざまな〜
□ variety	名 いろいろ、多様性
□ various	形 さまざまな
□ vary	動（いろいろに）変化する、異なる
□ dessert	名 デザート
□ selection	名 品ぞろえ、選ばれた物［人］、選択
□ select	動 を選ぶ
□ choice	名 選択権、選択
□ recommend	動 を推薦する、を勧める
□ delicious	形 おいしい
□ customer	名（商店などの）顧客

② 見ながらリピート >>>>>>>>> ▶ 17-5

英文を見ながら、先生のあとに英語を言ってみよう。

Excuse me.

Excuse me.

③ 見ないでリピート >>>>>>>>> ▶ 17-6

英文を見ずに、先生のあとに英語を言ってみよう。

Excuse me.

Excuse me.

④ しあげのシャドーイング >>> ▶ 17-7

英文を見ずに、先生の声の直後を追いかけて英語を言ってみよう。

Excuse me. I want to...

Excuse me. I want to...

18 予約をお願いします

今週末、友達夫婦と食事をすることに。人気のイタリア料理店に電話してみます。

つきっきり英文解説 >>> 18-1 〜18-3

モデル音声と解説を聞いて、英文の内容を確認しよう。
大事なところはメモを取ろう。

A: Antonio's Restaurant.

B: Hi, I'd like to **make a reservation** for Saturday evening.

A: **Certainly**, **sir**. For how many people?

B: There'll be a **total** of seven people. Four **adults** and three children.

A: OK. We have **a table for** eight at 6 p.m. How does that **sound**?

B: That's great. And **another** thing—we're going to be **celebrating** our friends' wedding **anniversary**. We'd like to **surprise** them with a cake. Could you **prepare** one for us?

A: Yes, we'd be happy to.

英文の訳

A：アントニオズ・レストランでございます。
B：もしもし、土曜日の夕方の予約をお願いしたいのですが。
A：かしこまりました、お客様。何名様でしょうか。
B：合計で7名になります。大人4名と、子ども3名。
A：わかりました。午後6時に8名様用のお席がございます。そちらでいかがでしょうか。
B：すばらしい。あ、それともう1つ、友達の結婚記念日のお祝いをすることになっているんです。ケーキで驚かせたいのですが。1個用意していただけませんか。
A：はい、よろこんで。

文法と表現

How does that sound?〈感想をたずねる言い方〉
この that は直前の発言をさしている。「それはあなたにどのように聞こえますか。」→「どう思いますか。」という意味で、今言ったことの感想や印象をたずねるときに使う。

次はトレーニング！

合格直行!
Nobu's トレーニング

① 単語・表現チェック >>>>>>> 18-4

英検によくでるものを集めました。先生のあとに英語を繰り返そう。

☐ **make a reservation**	予約する
☐ **reservation**	名（部屋・切符などの）予約
☐ **reserve**	動 を予約する、を取っておく〈for ～のために〉
☐ **Certainly, sir.**	かしこまりました。 ● 店員などが客に使う言い方。男性には sir を、女性には ma'am を使う。
☐ **total**	名 合計 ● a total of ～で「合計で～」の意味。
☐ **totally**	副 完全に、全く、とても
☐ **adult**	名 大人
☐ **a table for ～**	（飲食店で）～人用の席
☐ **another**	形 別の、もう 1 つ［1 人］の
☐ **anniversary**	名（毎年巡ってくる）記念日
☐ **surprise**	動 を驚かせる、（受身形で）驚く（at, by ～に、to do ～して）
☐ **surprising**	形 驚くべき
☐ **surprisingly**	副 驚くほど、意外にも

☑

② 見ながらリピート >>>>>>>>> 18-5

英文を見ながら、先生のあとに英語を言ってみよう。

☑

③ 見ないでリピート >>>>>>>>> 18-6

英文を見ずに、先生のあとに英語を言ってみよう。

☑

④ しあげのシャドーイング >>> 18-7

英文を見ずに、先生の声の直後を追いかけて英語を言ってみよう。

☑

19 SFがお好きでしたら

お気に入りの作家の新刊発売日なので、書店を訪れました。

つきっきり英文解説 >>> 19-1 〜19-3

モデル音声と解説を聞いて、英文の内容を確認しよう。
大事なところはメモを取ろう。

A: Can I help you find something?

B: Yes. I'm looking for the new **novel** by Rick Porter.

A: **Unfortunately**, that just **sold out** this morning.

B: Oh, that's too bad.

A: If you like **science fiction novels**, you might also like Jane Murphy.

B: Jane Murphy? I've never heard of her.

A: She's a young writer. She **published** her first **novel** just last year, but it has already **won several awards**.

B: Wow, I'd like to **take a look at** it.

英文の訳

A：何かお探しですか。
B：はい。リック・ポーターの新しい小説を探しているのですが。
A：残念ながら、今朝売り切れてしまいました。
B：ああ、それは残念。
A：もしSFがお好きでしたら、ジェーン・マーフィーも気に入っていただけるかもしれません。
B：ジェーン・マーフィー？ 聞いたことありませんね。
A：若手の作家です。最初の小説を去年出版したばかりですが、その作品はすでにいくつかの賞を受賞しています。
B：わあ、ちょっとその本を見てみたいです。

文法と表現

you might also like 〜.〈助動詞 might〉
might は「ひょっとしたら〜かもしれない」の意味で、may よりも低い可能性を表すときに使う。ここでは「（確信はありませんが）ひょっとしたらお好きかもしれませんよ」の意味で、控えめな提案として使われている。

次はトレーニング！

合格直行！
Nobu's トレーニング

元気に言ってみよう！
Don't be shy!

① 単語・表現チェック ＞＞＞＞＞＞ ▶ 19-4

英検によくでるものを集めました。先生のあとに英語を繰り返そう。

☐ novel	名 小説　形 目新しい、斬新な
☐ poem	名 詩
☐ literature	名 文学
☐ unfortunately	副 残念ながら、不運にも
☐ fortunately	副 幸運にも
☐ sell out	売り切れる
☐ be sold out	売り切れている
☐ on sale	売出し中で
☐ science fiction	名 SF、空想科学小説
☐ fiction	名 物語、作り話
☐ win	動 を勝ち取る、（に）勝つ（⇔ lose）　★ win-won-won
☐ overcome	動 （に）打ち勝つ、（を）克服する
☐ several	形 いくつかの、数人の
☐ award	名 賞
	動 （賞など）を与える〈to ～に〉
☐ prize	名 賞、賞品
☐ take a look at ～	～を見る　●「ちょっと見てみる」という意味合い。

☑

② 見ながらリピート ＞＞＞＞＞＞＞＞＞ ▶ 19-5

英文を見ながら、先生のあとに英語を言ってみよう。

☑

③ 見ないでリピート ＞＞＞＞＞＞＞＞ ▶ 19-6

英文を見ずに、先生のあとに英語を言ってみよう。

☑

④ しあげのシャドーイング ＞＞＞ ▶ 19-7

英文を見ずに、先生の声の直後を追いかけて英語を言ってみよう。

☑

次の二つの会話文を完成させるために、*(1)* から *(3)* までの（　　　）に入れるのに最も適切なものを
1、**2**、**3**、**4**の中から一つ選びなさい。

(1)　*A：* Would you like anything else?

　　　B： Do you have a dessert menu?

　　　A： Yes, here you go. (　*1*　). I'd recommend the "dessert of the day" on the top.

　　　B： OK. I'll take that cake.

　　　　　1 We've run out of dessert today

　　　　　2 We have three types of dessert

　　　　　3 We don't have any dessert menu

　　　　　4 We can offer ice cream only

　　　A： Hi. I'm looking for some coffee cups.

　　　B： What color would you like?

　　　A： It's not the color that concerns me. I would like ones with a simple design or words written on them.

　　　B： How about these small cups? They're white with some blue stripes on them. (　*2*　)?

　　　A： Oh, yes, these are perfect, but I only see three. I'd like to have six.

　　　B： I know we have more. Do you mind waiting a few minutes? (　*3*　).

　　　A： Sure. I really appreciate it.

　　　B： I'll be right back.

(2)　　　**1** Is that simple enough

　　　　　2 Should I bring a receipt

　　　　　3 Are they still in stock

　　　　　4 Can I pick them up

(3)　　　**1** I can save them for later

　　　　　2 Maybe these are the right words

　　　　　3 I'll go get some

　　　　　4 I'll wait for you here

解答・解説

(1)　解答　**2**

A：ほかには何かいかがですか。

B：デザートのメニューはありますか。

A：はい、どうぞ。3種類のデザートがございます。いちばん上の「本日のデザート」がおすすめです。

B：わかりました。そのケーキにします。

1 今日はデザートを切らしております

2 3種類のデザートがございます

3 デザートメニューはございません

4 アイスクリームだけお出しできます

解説 空所の直前のhere you go「はい、どうぞ」から、メニューを渡しているとわかる。また、空所のあとで「いちばん上のデザートがおすすめ」と言っていることから、この店では何種類かのデザートを提供していることがわかる。Bが I'll take that cake. と応じていることから、**1**、**3**、**4**は不適切。**2**のWe have three types of dessert が正解。

(2) (3)

A：こんにちは。コーヒーカップを探しているんですが。

B：何色がよろしいですか。

A：気になるのは色じゃないんです。シンプルなデザインか文字が書かれているものがほしいのです。

B：こちらの小さいカップはいかがですか。白で青のしま模様が入っています。十分シンプルでしょうか。

A：ああ、はい、理想的です、でも3個しかありませんね。6個ほしいんですが。

B：もっとございますよ。少々お待ちいただいてもいいですか。取りに行ってきます。

A：はい。どうもありがとう。

B：すぐに戻ります。

(2)　解答　**1**

1 十分シンプルでしょうか

2 レシートを持ってくるべきでしょうか

3 在庫はありますか

4 持って行ってもいいですか

解説 シンプルなものがほしいという客に、カップをすすめて問いかけている。それに対し客はOh, yes, these are perfect「そうですね、完ぺきです」と答えている。したがって、これもデザインに関する問いかけと考えられるので、Is that simple enough「十分シンプルでしょうか」と同意を求めている**1**が正解。

(3)　解答　**3**

1 取り置きできます

2 おそらくこれらが正しい言葉です

3 取りに行ってきます

4 ここで待っています

解説 「もっとあります。少しお待ちいただけますか」に続く店員の発言なのでI'll go get some「取りに行ってきます」が適切。そのあとに客が礼を言っていることからも、これが正解とわかる。

20 求人広告を見たのですが

アルバイトに応募するために、店員に話しかけます。

つきっきり英文解説 >>> 20-1〜20-3

モデル音声と解説を聞いて、英文の内容を確認しよう。
大事なところはメモを取ろう。

A: Hi, I saw your **advertisement** on the **Internet**. It said that you're looking for **part-time** workers.

B: Yes, we are. Are you interested in **applying**?

A: Yes, I am.

B: OK, could you please **fill out** this **form**? Please write your name and **address** here. And do you have an ID card with a **photograph** with you today?

A: Yes, here's my driver's **license**.

B: **Is it OK if** I take a **copy** of this?

A: **Of course. Go ahead**, please.

B: I'll be right back.

英文の訳

A：こんにちは、インターネットでこちらの広告を見ました。アルバイトを探していると書いてありましたが。
B：はい、探しています。応募にご興味がありますか。
A：はい、あります。
B：わかりました、こちらの用紙に記入していただけますか。名前と住所をここに書いてください。あと、本日は写真付きの身分証はお持ちですか。
A：はい、運転免許証です。
B：こちらのコピーを取ってもよろしいでしょうか。
A：もちろんです。どうぞ。
B：すぐに戻ります。

文法と表現

It said that ～. 〈say の用法〉
動詞 say は「（本・掲示などに）～と書いてある」という意味でも使われる。

次はトレーニング！

合格直行！ Nobu's トレーニング

一緒に声に出して
マスターしよう！

① 単語・表現チェック ＞＞＞＞＞＞＞ ▶ 20-4

英検によくでるものを集めました。先生のあとに英語を繰り返そう。

☐ **advertisement** 　☐ **advertise**	名 広告、宣伝　● ad と省略することもある。 動 (を) 宣伝する
☐ **Internet**	名 (the 〜) インターネット
☐ **part-time** 　☐ **full-time**	形 アルバイトの、パートタイムの 形 常勤の、専任の
☐ **apply** 　☐ **apply for 〜**	動 申し込む、当てはまる〈to 〜に〉 〜に応募する
☐ **fill out 〜**	〜に書き込む　●入力フォームなどを埋めるときに使う。
☐ **form**	名 (書き込み) 用紙、形
☐ **address**	名 住所、演説
☐ **photograph**	名 写真　●しばしば photo と略される。
☐ **license**	名 免許 (証)
☐ **Is it OK if ...?**	…しても大丈夫ですか。　●許可を求めるときに使う。
☐ **copy** 　☐ **original**	名 コピー、写し　動 (の) 写しを取る、(を) まねる 名 (コピーではない) 原本　形 独創的な、もとの

☑

② 見ながらリピート ＞＞＞＞＞＞＞＞＞ ▶ 20-5

英文を見ながら、先生のあとに英語を言ってみよう。

Excuse me.
Excuse me.

☑

③ 見ないでリピート ＞＞＞＞＞＞＞＞＞ ▶ 20-6

英文を見ずに、先生のあとに英語を言ってみよう。

Excuse me.
Excuse me.

☑

④ しあげのシャドーイング ＞＞＞ ▶ 20-7

英文を見ずに、先生の声の直後を追いかけて英語を言ってみよう。

Excuse me. I want to...
Excuse me. I want to...

☑

77

21 お店や病院での会話❺

どうしましたか

かぜの症状が出たネルソンさんは、かかりつけの病院で診てもらうことにしました。

つきっきり英文解説 >>> 📱 21-1 ～21-3

モデル音声と解説を聞いて、英文の内容を確認しよう。
大事なところはメモを取ろう。

A: Good evening, Dr. Sakamoto.

B: Hello, Ms. Nelson. What **seems** to be the problem today?

A: I **have a sore throat** and a **slight headache**.

B: When did the **pain** start?

A: Yesterday afternoon. I was fine **until** the morning, but then my **throat** started to **hurt**.

B: OK. Do you have a **fever as well**?

A: A little. When I **measured** my **temperature** an hour ago, it was 37.5 **degrees**.

B: OK. Let's **check** it again.

英文の訳

A：こんばんは、サカモト先生。
B：こんばんは、ネルソンさん。今日はどうなさいましたか。
A：のどの痛みがあって、わずかに頭痛がするんです。
B：痛みはいつからですか。
A：昨日の午後です。午前中までは大丈夫だったんですが、そうしたらのどが痛み始めて。
B：わかりました。熱もありますか。
A：少し。1時間前に体温を測ったときは、37.5度ありました。
B：わかりました。もう一度測りましょう。

文法と表現

What seems to be the problem ～?
〈動詞 seem の用法〉
seem to be ～ は「～のようだ、～のように思える」の意味で、話し手の判断を表す言い方。ここでは「何が問題ですか」と直接たずねるかわりに「あなたには何が問題のように思えますか」とすることで、質問の調子をやわらげている。

次はトレーニング！

次はトレーニング！

78

合格直行！

Nobu's トレーニング

 がんばった分だけ
しっかり身につくよ！

① 単語・表現チェック >>>>>>> 21-4

英検によくでるものを集めました。先生のあとに英語を繰り返そう。

□ **have a sore throat**	のどが痛む
□ **throat**	图 のど
□ **slight**	形 わずかな
□ **slightly**	副 わずかに、少し
□ **headache**	图 頭痛
□ **toothache**	图 歯痛
□ **pain**	图 苦痛、（～s）苦労
□ **painful**	形 つらい、苦痛な、痛む
□ **until**	前 ～まで（ずっと）
□ **till**	前 ～まで（ずっと）
□ **fever**	图 熱
□ **as well**	～もまた（≒ too, also）
□ ***A* as well as *B***	B はもちろんのこと A も
□ **measure**	動 を測定する
□ **temperature**	图 体温、気温、温度
□ **degree**	图 （温度・角度などの）度、程度

 ② 見ながらリピート >>>>>>>>> 21-5

英文を見ながら、先生のあとに英語を言ってみよう。

 Excuse me. / Excuse me.

 ③ 見ないでリピート >>>>>>>>> 21-6

英文を見ずに、先生のあとに英語を言ってみよう。

 Excuse me. / Excuse me.

 ④ しあげのシャドーイング >>> 21-7

英文を見ずに、先生の声の直後を追いかけて英語を言ってみよう。

 Excuse me. I want to... / Excuse me. I want to...

対話を聞き、その質問に対して最も適切なものを **1**、**2**、**3**、**4** の中から一つ選びなさい。

E04

No. 1
1 Bring some dessert.
2 Bring some more coffee.
3 Bring the menu.
4 Bring the bill.

No. 2
1 Go to the main window.
2 Put her money in again.
3 Count her money.
4 Try the machine again.

No. 3
1 Go right home.
2 Go see her doctor.
3 Go to the clinic of the man's friend.
4 Get some medicine to stop the pain.

No. 4
1 Apologize for not handling the man's request.
2 Make an appointment this month.
3 Find Amanda's next available day.
4 Tell the man not to make an appointment.

No. 5
1 A new cell phone.
2 A new room key.
3 A hotel room.
4 A new credit card.

解答・解説

No. 1　解答　4

★: Good evening. I'm the manager of this restaurant. How is everything?
☆: Oh, the food was great and our server was helpful and charming.
★: We're very happy to hear that. Would you like some more coffee?
☆: No, thank you. We're ready to leave.
Question: What will the manager probably do next?

★: こんばんは。私は当レストランのマネージャーです。いかがですか。
☆: ああ、食事はすばらしかったし、給仕の人も親切でチャーミングでした。
★: そううかがってうれしいですよ。もっとコーヒーはいかがですか。
☆: いいえ、結構です。そろそろ帰ります。
質問: マネージャーはおそらく次に何をするか。

1 デザートを持ってくる。　　**2** もっとコーヒーを持ってくる。
3 メニューを持ってくる。　　**4** 勘定書を持ってくる。

解説　We're ready to leave. はレストランなどでそろそろ帰るときに使う表現。「もう出ます」「ごちそうさまでした」「お勘定をお願いします」といった意味になるので、こう言われたマネージャーは勘定書を持ってくるのが自然な対応。したがって**4**が正解。

No. 2　解答　1

☆: I put a dollar in this ticket vending machine but the train ticket didn't come out. Could you take a look?
★: Sure. Let's see....
☆: I pushed the cash return button, too, and that didn't work either.
★: Sorry, I don't have the key to open the machine right now. Please come to the main ticket window with me. I'll give you your ticket there.
Question: What is one thing the man tells the woman to do?

☆: この券売機に1ドル入れたんですが、乗車券が出てきません。見てくれますか。
★: わかりました。どれどれ…。
☆: 現金返却ボタンも押しましたが、それも効きませんでした。
★: 申し訳ありません、今は券売機を開ける鍵を持ち合わせていません。メインの切符売り場にいっしょに来てください。そこで乗車券をお渡しします。
質問: 男性が女性にするように言ったことの1つは何か。

1 メインの窓口に行く。　　**2** もう一度お金を入れる。
3 お金を数える。　　**4** もう一度券売機を試す。

解説　男性はPlease come to the main ticket window with me.「メインの切符売り場にいっしょに来てください」と言っている。したがって、この内容と一致する**1**が正解。

No. 3　解答　3

★: You seem to have a fever. Are you feeling all right?
☆: I don't know ... I have a terrible headache.
★: You should go to the doctor. I can call my friend's clinic. It's near here.
☆: If you don't mind, please.
Question: What is the woman probably going to do after leaving the office?

★: 熱があるみたいだね。気分は大丈夫？
☆: どうかしら…頭がすごく痛いの。
★: 医者に行ったほうがいいよ。友人のクリニックに電話できるよ。この近くなんだ。
☆: 構わなければ、お願い。
質問: 女性は会社を出たあとにおそらく何をするか。

1 家にすぐ帰る。　　　　　　　　　**2** 主治医に会いに行く。

3 男性の友人のクリニックに行く。　**4** 痛みを止めるために薬を買う。

解説 「友人のクリニックに電話しようか」という男性の申し出に対して、女性は「お願い」と言っているので、会社からそのクリニックに行くと考えるのが自然。したがって、**3**が正解。

No. 4　解答　3

☆：Wonderful Hair Salon. How may I help you?

★：Hi, I'd like to make an appointment for my daughter to have her hair cut by Amanda next week.

☆：We're sorry, but Amanda has no appointments available until the end of the month.

★：I see. Please make a reservation for her first available day next month.

Question: What is the woman going to do next?

☆：ワンダフル・ヘアサロンです。ご用件をうかがいます。

★：こんにちは、来週アマンダに娘の髪をカットしていただきたくて、その予約をしたいんです。

☆：申し訳ありませんが、アマンダは今月末まで予約の空きがないんです。

★：わかりました。来月最初に彼女が空いている日に、予約を入れてください。

質問：女性は次に何をするか。

1 男性の依頼に対処しなかったことを謝る。　**2** 今月の予約を入れる。

3 アマンダが次に空いている日を探す。　**4** 男性に予約を取らないように言う。

解説 男性の最後の言葉は Please make a reservation for her first available day next month. で、「来月最初にアマンダが空いている日に予約を入れたい」という意味。したがって、まず、Find Amanda's next available day「アマンダが次に空いている日を探す」と考えられる。

No. 5　解答　2

★：Hello, I'm calling from my cell phone. I locked my card key in my hotel room!

☆：Could you give me your room number and your name?

★：It's 1202. My name is Steve White.

☆：Ah, yes, Mr. White. You're in front of your room, now, right? Would you please stay there? I'll bring you a new one.

Question: What does Mr. White need?

★：もしもし、携帯から電話しています。ホテルの部屋にカードキーを置いたままドアをロックしてしまいました！

☆：部屋番号とお名前をうかがえますか。

★：1202号室。私の名前はスティーブ・ホワイトです。

☆：ああ、はい、ホワイト様。今、部屋の前にいらっしゃるんですね？　そこでお待ちいただけますか。新しいものをお持ちします。

質問：ホワイトさんは何を必要としているか。

1 新しい携帯電話。　　　　　　　　**2** 新しい部屋の鍵。

3 ホテルの部屋。　　　　　　　　　**4** 新しいクレジットカード。

解説 男性は最初に I locked my card key in my hotel room!「ホテルの部屋にカードキーを置いたままドアをロックしてしまった」と言っている。つまり部屋に入ることができなくなった状況なので、「部屋の鍵」を必要としているとわかる。カードキーとクレジットカードを間違えないようにしよう。正解は**2**。

まとめて覚える！単熟語

レッスンに登場していない重要単熟語です。
音声のあとに英語を繰り返しましょう。

● 準２級によくでる単語（動詞）

M04

□ agree	賛成する〈with（人など）に〉、同意する〈to（提案など）に〉	□ prefer	のほうを好む〈to ～より〉
□ avoid	を避ける〈doing ～すること〉	□ raise	を調達する、を育てる、を上げる
□ bake	（パンなど）を焼く	□ recover	回復する〈from ～から〉、を取り戻す（≒ get back）
□ bear	を我慢する	□ remain	のままである、残る
□ care	気にかける	□ rent	を借りる〈from ～から〉、を貸す〈to ～に〉
□ cheer	（に）歓声を上げる、を励ます	□ repair	を修理する
□ contain	を含む、を収容できる	□ search	捜す〈for ～を〉
□ continue	を続ける〈to do, doing ～すること〉、続く	□ serve	（飲食物）を出す、（に）給仕する、（に）仕える
□ create	を創造する	□ set	を調整する、を置く
□ damage	に損傷［損害］を与える	□ smell	のにおいがする
□ die	死ぬ〈of, from ～で〉	□ spread	広がる、を広げる
□ dress	服を着る、に服を着せる	□ stand	を我慢する（≒ put up with）、立っている
□ fit	にぴったり合う、に適している	□ steal	を盗む、盗みをする〈from ～から〉
□ fix	を修理する、を固定する	□ throw	（を）投げる
□ long	切望する〈for ～を〉	□ upset	（受身形で）動揺する〈about, by ～に［で］〉
□ marry	と結婚する	□ waste	を浪費する〈doing ～して、on ～に〉
□ pack	を詰め込む、（を）荷造りする	□ wish	…であればいいのに（と思う）、を願う

まとめて覚える！単熟語

レッスンに登場していない重要単熟語です。
音声のあとに英語を繰り返しましょう。

● 準2級によくでる単語（名詞）

M05

□ area	地域、区域、領域		□ navy	（しばしば the N-）海軍
□ army	（通例 the 〜）陸軍、（集合的に）軍隊		□ network	網状組織、ネットワーク
□ character	登場人物、特徴、性格		□ puppet	操り人形
□ cloth	布		□ purpose	目的
□ condition	状態、（〜s）状況、条件		□ quality	質（⇔ quantity）
□ detail	（〜s）詳細、細部		□ restroom	（公共建物内の）トイレ、化粧室
□ drugstore	ドラッグストア		□ sale	販売、特売、セール
□ excuse	言い訳、弁解		□ secret	秘密、（通例 the 〜）秘訣、（通例 〜s）神秘
□ government	（集合的に）政府		□ statement	陳述、声明
□ grandparent	祖父、祖母		□ symbol	象徴〈of 〜の〉、シンボル
□ lighthouse	灯台		□ victory	勝利〈over, against 〜に対する〉
□ material	材料、生地、資料		□ visitor	訪問者〈to 〜への〉
□ miniature	ミニチュア、小型の模型、縮小したもの		□ war	戦争（⇔ peace）
□ moment	瞬間、時点			

● 準2級によくでる単語（形容詞・副詞・そのほか）

 M06

□ **against**	前 〜に反対して（⇔ for）、〜を対戦相手として		□ **lonely**	形 寂しい
□ **although**	接 …だけれども（≒ though）		□ **loud**	形 大声の（⇔ low）、派手な
□ **below**	前 〜より下に（⇔ above）		□ **moreover**	副 その上
□ **blind**	形 目の見えない		□ **necessary**	形 必要な
□ **boring**	形 退屈な（⇔ interesting）		□ **noisy**	形 騒々しい（⇔ quiet）
□ **bright**	形 明るい（⇔ dark）、利口な		□ **normal**	形 普通の、標準の（⇔ special）
□ **calm**	形 落ち着いた		□ **ordinary**	形 普通の、並の
□ **careful**	形 注意深い（⇔ careless）		□ **private**	形 個人的な（≒ personal）、私有の、私立の（⇔ public）
□ **certain**	形 （はっきりと言わずに）ある、確信して〈of、about 〜を〉		□ **probably**	副 たぶん
□ **clear**	形 はっきりした、晴れた（⇔ cloudy）、澄んだ		□ **quiet**	形 静かな（⇔ noisy）
□ **comfortable**	形 快適な（⇔ uncomfortable）		□ **safe**	形 安全な（⇔ dangerous）、無事で
□ **common**	形 共通の、普通の		□ **similar**	形 類似した〈to 〜に〉
□ **concrete**	形 具体的な、コンクリート製の		□ **though**	副 でも、やっぱり
□ **cute**	形 かわいい		□ **throughout**	前 〜（時）の間ずっと、〜（場所）の至る所に
□ **dangerous**	形 危険な（⇔ safe）		□ **true**	形 ほんとうの（⇔ false）
□ **easily**	副 気楽に、たやすく、簡単に		□ **unlike**	前 〜と異なって、〜らしくない
□ **even**	副 〜でさえ、（比較級を強調して）さらに（≒ still, yet）		□ **within**	前 〜以内で[に]
□ **likely**	形 （A is likely to do で）A は〜しそうである、ありそうな		□ **yet**	副 （疑問文で）もう、（否定文で）まだ（〜ない）

22 人物の紹介文❶

3年間の成長

エレンはトランペットが上手ですが、最初からそうだったわけではありません。

 **つきっきり英文解説** >>> ▶ 22-1 ~22-3

モデル音声と解説を聞いて、英文の内容を確認しよう。
大事なところはメモを取ろう。

Ellen enjoys playing **instruments**. Her favorite is the trumpet. She started playing it three years ago when she **joined** her school's brass band.

At first, **practice** was **tough**, and she couldn't play as well as the **other** members. But **thanks to** her hard work, now she can play the trumpet very well. Her **efforts** have **paid off**.

Next week, her band will **perform** at the **community center**. She is **looking forward to entertaining** the **audience** with their music.

英文の訳

　エレンは楽器の演奏を楽しみます。彼女のお気に入りはトランペットです。3年前、学校の吹奏楽部に入ったときに演奏を始めました。
　最初は、練習はきつくて、ほかのメンバーと同じように上手に演奏することができませんでした。しかし努力のおかげで、今はとても上手にトランペットを演奏することができます。努力が実を結びました。
　来週、彼女の楽団はコミュニティーセンターで演奏します。彼女は、自分たちの音楽で聴衆を楽しませるのを心待ちにしています。

文法と表現

she couldn't play as well as ～.〈比較の文〉
この well は「上手に」の意味。〈as ＋副詞［形容詞］＋ as ～〉で「～と同じくらい…」という意味を表す。「ほかのメンバーほど上手に演奏することはできなかった」ということ。

次はトレーニング！

合格直行!
Nobu's トレーニング

元気に言ってみよう！
Don't be shy!

① 単語・表現チェック >>>>>>> ▶ 22-4

英検によくでるものを集めました。先生のあとに英語を繰り返そう。

☐ instrument	图 楽器（musical instrument）、器具、道具
☐ join	動 に加わる、参加する〈in 〜に〉
☐ at first	初めは
☐ thanks to 〜 　☐ because of 〜	〜のおかげで 〜の理由で
☐ effort 　☐ make an effort	努力 努力する
☐ pay off 　☐ pay	（努力などが）成果を上げる、（借金などを）全部支払う 動 支払う〈for 〜に対して〉 图 給料
☐ community	图 コミュニティー、地域社会
☐ center	图 センター、中心
☐ entertain 　☐ entertainment	動 を楽しませる〈with 〜で〉 图 娯楽、催し物、もてなし
☐ audience 　☐ crowd	图（集合的に）観衆、聴衆 图（集合的に）群衆

☑

② 見ながらリピート >>>>>>>>> ▶ 22-5

英文を見ながら、先生のあとに英語を言ってみよう。

Excuse me.

Excuse me.

☑

③ 見ないでリピート >>>>>>>>> ▶ 22-6

英文を見ずに、先生のあとに英語を言ってみよう。

Excuse me.

Excuse me.

☑

④ しあげのシャドーイング >>> ▶ 22-7

英文を見ずに、先生の声の直後を追いかけて英語を言ってみよう。

Excuse me. I want to...

Excuse me. I want to...

☑

23 人物の紹介文❷

新しい趣味

デレクは、何か新しい趣味を始めることにしました。

つきっきり英文解説 >>> 📱 🔊 23-1 〜23-3

モデル音声と解説を聞いて、英文の内容を確認しよう。
大事なところはメモを取ろう。

Derek wanted to start a new hobby. One day, he saw a nice **secondhand** camera at an **electronics** store. He wanted to <u>try taking photographs</u>, so he **decided** to buy it.

Derek **quickly found out** that he really liked photography. Now, he **runs** a blog and **posts** his photos there **regularly**.

<u>**Whenever** he has time, he walks</u> around his **neighborhood** and looks for interesting **objects** to take. **In particular**, he enjoys taking photos of **plants** and flowers.

英文の訳

　デレクは新しい趣味を始めようと思いました。ある日、彼は電器店ですてきな中古カメラを見ました。彼は写真を撮ってみたかったので、それを買うことにしました。

　デレクはすぐに自分がほんとうに写真が好きだということがわかりました。今、彼はブログを運営していて、そこに定期的に自分の写真を投稿しています。

　彼は時間があればいつでも、近所を歩き回って面白い被写体を探します。とりわけ、彼は植物や花の写真を撮ることを楽しんでいます。

文法と表現

try taking photographs
〈try *doing* と try *to do*〉
try は *doing*（動名詞）と to *do*（不定詞）の両方を目的語にとるが、意味が異なるので注意。try *doing* は「試しに〜してみる」、try to *do* は「〜しようと努める」「〜しようとしてがんばる」という意味になる。

Whenever he has time, he walks 〜.
〈-ever の形の接続詞〉
whenever は「…するときはいつでも」という意味の接続詞。whenever の節の動詞は、未来のことでも現在形を使う。

次はトレーニング！

合格直行！
Nobu's トレーニング

一緒に声に出して
マスターしよう！

 ① 単語・表現チェック >>>>>>> 📱 23-4

英検によくでるものを集めました。先生のあとに英語を繰り返そう。

☐ secondhand	形 中古の
☐ electronics 　☐ electronic	名 電子工学　▶ an electronics store　電子製品販売店、電器店 形 電子の
☐ quickly	副 すぐに、急いで
☐ find out ～	～ということがわかる、～を見つけ出す　★ find-found-found
☐ run	動 を経営［運営］する、（水・川などが）流れる、走る　★ run-ran-run
☐ post	動（サイトに写真など）を投稿する、を（ブログや SNS に）書き込む
☐ regularly	副 定期的に、規則正しく
☐ whenever 　☐ wherever	接 …するときはいつでも、いつ…しようとも 接 どこへ…しようとも
☐ neighborhood 　☐ neighbor	名 近所、地域 名 隣人、近所の人
☐ object	名 対象、物
☐ in particular 　☐ particular	特に（≒ especially） 形 特定の、特別の
☐ plant	名 植物　動 を植える、（種）をまく

☑

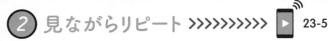 **② 見ながらリピート** >>>>>>>>>> 📱 23-5

英文を見ながら、先生のあとに英語を言ってみよう。

　Excuse me.　Excuse me.

☑

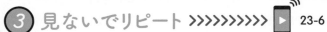 **③ 見ないでリピート** >>>>>>>>>> 📱 23-6

英文を見ずに、先生のあとに英語を言ってみよう。

　Excuse me.　Excuse me.

☑

 ④ しあげのシャドーイング >>> 📱 23-7

英文を見ずに、先生の声の直後を追いかけて英語を言ってみよう。

　Excuse me. I want to….　Excuse me. I want to….

☑

24 人物の紹介文❸

上達の秘密

サッカー部のジェニファーは、試合で悔しい思いをしました。

つきっきり英文解説 >>> 24-1 〜24-3

モデル音声と解説を聞いて、英文の内容を確認しよう。
大事なところはメモを取ろう。

Jennifer **belongs** to her high school soccer team. Last month, her team played in a big **tournament**. **However**, they **lost** in the **final match**. She couldn't get a **single goal** and **was** very **disappointed with** her **performance**.

After the game, she asked her father to help her **practice**. Now every weekend, he **records** a **video** of her **practicing**. **Afterward**, they watch it together and **discuss** which **skills** need to be **trained**. This new **method** is **working** well, and she is **steadily getting better**.

英文の訳

　ジェニファーは高校のサッカー部に所属しています。先月、彼女のチームは大きな大会に出場しました。しかしながら、決勝戦で負けてしまいました。1点もゴールを決めることができず、彼女は自分の出来栄えにがっかりしました。
　試合のあとで、彼女はお父さんに練習を手伝ってくれるように頼みました。今は毎週末、お父さんは彼女が練習している動画を撮影します。そのあとで、彼らはいっしょにそれを見て、どの技術に訓練が必要かを話し合います。この新しい方法はうまくいっていて、彼女は着実に上達しています。

文法と表現

was very disappointed with 〜
〈by 以外を使う受け身〉
be disappointed with[at] 〜 は「〜にがっかりする」「〜に失望させられる」という意味。

she asked her father to help 〜
〈ask + 人 + to do〉
〈ask + 人 + to do〉で「(人) に〜するように頼む」という意味。

次はトレーニング！

合格直行！
Nobu's トレーニング

がんばった分だけ
しっかり身につくよ！

① 単語・表現チェック >>>>>>> 🎧 24-4

英検によくでるものを集めました。先生のあとに英語を繰り返そう。

☐ **belong**	〜に所属する、属する〈to 〜に〉
☐ **however**	副 しかしながら、どんなに〜でも　●but よりもかたい言い方。
☐ **final**	形 最後の
☐ **match**	名 試合
☐ **single**	形 たった一つの、独身の（⇔ married）
☐ **goal**	名 ゴール、目標
☐ **be disappointed with 〜** 　☐ **disappoint**	〜にがっかりする 動 （受身形で）失望する〈with 〜に〉、を失望させる
☐ **record**	動 を録音［録画］する、を記録する
☐ **video**	名 動画
☐ **afterward**	副 あとで
☐ **skill**	名 技術、熟練
☐ **train**	動 を訓練する、トレーニングする
☐ **method**	名 方法
☐ **steadily**	副 着実に、安定的に

☑

② 見ながらリピート >>>>>>>>> 🎧 24-5

英文を見ながら、先生のあとに英語を言ってみよう。

☑

③ 見ないでリピート >>>>>>>>> 🎧 24-6

英文を見ずに、先生のあとに英語を言ってみよう。

☑

④ しあげのシャドーイング >>> 🎧 24-7

英文を見ずに、先生の声の直後を追いかけて英語を言ってみよう。

☑

最初は間違えても OK。
問題を解きながら新しい単熟語を覚えましょう。

次の *(1)* から *(8)* までの (　　　) に入れるのに最も適切なものを **1**、**2**、**3**、**4** の中から一つ選びなさい。

(1) Tony accidentally cut his daughter's hair too short. He deeply (　　　) what he did because his daughter looked so sad.

1 discovered 　　　 **2** expected 　　　 **3** satisfied 　　　 **4** regretted

(2) Abby found a memo from her grandfather when she (　　　) home. She asked him about it right away.

1 dropped 　　　 **2** sent 　　　 **3** moved 　　　 **4** returned

(3) Tom and Julia are looking for a new apartment in a city with lots of parks because it would be a better (　　　) for their kids.

1 education 　　　 **2** environment 　　　 **3** fashion 　　　 **4** technology

(4) Leo is interested in Japanese traditional music, so he is planning to learn how to play several Japanese (　　　).

1 instruments 　　　 **2** materials 　　　 **3** texts 　　　 **4** electronics

(5) Diner Jasmine is a world-famous Thai restaurant downtown. This restaurant will (　　　) its 15th anniversary next year.

1 appreciate 　　　 **2** celebrate 　　　 **3** develop 　　　 **4** grow

(6) Most of the world's (　　　) lives in cities. Cities provide the basic necessities of water, electricity and gas to each home, which make people's lives comfortable.

1 generation 　　　 **2** habit 　　　 **3** population 　　　 **4** nationality

(7) Jeannie Nelson is the owner of a well-known cake shop. She (　　　) this shop alone since 1980.

1 ran 　　　 **2** has been running 　　 **3** is run 　　　 **4** had run

(8) Since Ben's young niece wants to learn Spanish, he chose some textbooks and picture books (　　　) her.

1 impressed with 　　 **2** responsible for 　　 **3** similar to 　　　 **4** suitable for

解答・解説

(1) 解答 4

トニーはうっかり娘の髪の毛を短く切りすぎた。娘がとても悲しそうな顔をしたので、彼は自分がしたことを深く後悔した。

解説 ▶ 自分の行いについての気持ちを述べている文。満足か後悔のどちらかが入ると予想できるが、髪の毛を切られすぎた娘の悲しそうな顔という描写から、regret「〜を後悔する」がふさわしい。discover「〜を発見する」、expect「〜を期待する」、satisfy「〜を満足させる」。

(2) 解答 4

アビーは家に戻ったとき、祖父からのメモを見つけた。彼女はすぐにそれについて彼にたずねた。

解説 ▶ return homeで「帰宅する」の意味になる。したがって、return「戻る」が正解。drop「〜を落とす」、send「〜を送る」、move「引っ越す」。

(3) 解答 2

トムとジュリアは子どもたちのためによい環境になるだろうと、たくさんの公園がある市内で新しいアパートを探している。

解説 ▶ たくさん公園があるのは、子どもにとってよいenvironment「環境」とすると意味が通る。education「教育」、fashion「流行」、technology「技術」。

(4) 解答 1

レオは日本の伝統音楽に興味があるので、いくつかの和楽器の演奏の仕方を学ぶことを計画している。

解説 ▶ 前半の伝統音楽に興味があるということから、音楽に関連し、かつplay「演奏する」という動詞に結びつくinstruments「楽器」が正解。materials「材料」、texts「文章、教科書」、electronics「電子工学」。

(5) 解答 2

ダイナー・ジャスミンは、ダウンタウンの世界的に有名なタイレストランだ。このレストランは来年15周年を祝う。

解説 ▶ 15周年を目的語にとるので、celebrate「〜を祝う」とすると意味が通じる。appreciate「〜を評価する」、develop「〜を開発する」、grow「〜を育てる」。

(6) 解答 3

世界の人口のほとんどが都市に生活している。都市は水、電気、ガスなど基本的生活必需品を各家庭に供給しており、それが人々の生活を快適にする。

解説 ▶ lives in cities「都市に生活している」ものとして最もふさわしいのはpopulation「人口」。generation「世代」、habit「習慣」、nationality「国籍」。

(7) 解答 2

ジーニー・ネルソンは有名なケーキショップのオーナーだ。彼女は1980年から一人でこの店をずっと経営している。

解説 ▶ since 1980「1980年から」とあるので、「ずっと〜している」の意味の現在完了の継続用法の文にするのがふさわしく、has been runningが正解。動詞run「〜を経営する」という行為が今も継続している場合は、現在完了進行形を用いることが多い。

(8) 解答 4

ベンの若いめいがスペイン語を学びたがっているので、彼女にふさわしい教科書や絵本を選んでやった。

解説 ▶ スペイン語を学びたいというめいに本を選ぶのだから、suitable for 〜「〜に適した、向いている」が適切。impressed with 〜「〜に感銘を受ける」、responsible for 〜「〜に責任がある」、similar to 〜「〜に似たような」。

25 日常の物語文❶

アニマルシェルター

サムは、家族とアニマルシェルター（動物の保護施設）を訪れました。

つきっきり英文解説 >>> ▶ 📶 25-1 〜25-3

モデル音声と解説を聞いて、英文の内容を確認しよう。
大事なところはメモを取ろう。

Sam and his family **decided** to get a dog. Last Saturday, they visited the **local** animal **shelter** to look for a dog.

At the **shelter**, they saw many dogs that didn't have a home. Sam **felt bad for** them. He wanted to **look after** all of them, but he knew that would be **impossible**. **After a while**, he **finally picked** one and took it home. **However**, he also **decided** to **volunteer** at the **shelter in order to** help find new **owners** for the **other** dogs.

英文の訳

　サムと彼の家族は犬を飼うことにしました。この前の土曜日、彼らは地域のアニマルシェルター（動物の保護施設）に犬を探しに訪れました。

　シェルターで、帰る家のないたくさんの犬たちを見ました。サムは犬たちがかわいそうになりました。彼は全部の犬の面倒を見たいと思ったのですが、それが不可能だろうとわかっていました。しばらくして、ついに1匹を選んで家に連れて帰りました。しかしながら、彼は残りの犬たちに新しい飼い主を見つける手助けをするために、シェルターでボランティアをすることも決めました。

文法と表現

he knew that would be impossible.
〈時制の一致〉
過去の文なので、動詞 know（主節の動詞）の過去形に続く that 節内（従属節）では、助動詞 will は過去形の would を使う。

次はトレーニング！

Nobu's トレーニング

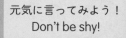

元気に言ってみよう！
Don't be shy!

 単語・表現チェック >>>>>>> ▶ 25-4

英検によくでるものを集めました。先生のあとに英語を繰り返そう。

□ local	形 地元の、局所の
□ shelter	名 避難所、住まい
□ feel bad for ～ 　□ be sorry for ～	～をかわいそうに思う ～を気の毒に思う
□ look after ～ 　□ take care of ～	～の世話をする ～の世話をする
□ impossible	形 不可能な
□ after a while	しばらくして
□ finally	副 ついに、最後に
□ pick	動 を選ぶ、を摘む
□ volunteer 　□ voluntary	動 ボランティアをする、（を）自発的に引き受ける　名 ボランティア、志願者 形 自発的な
□ in order to *do*	～するために
□ owner 　□ own	名 所有者 動 を所有している　形 (*one's* own で) 自分自身の

 見ながらリピート >>>>>>>>> ▶ 25-5

英文を見ながら、先生のあとに英語を言ってみよう。

 見ないでリピート >>>>>>>>> ▶ 25-6

英文を見ずに、先生のあとに英語を言ってみよう。

 しあげのシャドーイング >>> ▶ 25-7

英文を見ずに、先生の声の直後を追いかけて英語を言ってみよう。

アルバイト代の使いみち

カフェでアルバイトをしているジョナサン。ついに最初の給料が出ました。

つきっきり英文解説 >>> 📱 26-1 ～26-3

モデル音声と解説を聞いて、英文の内容を確認しよう。
大事なところはメモを取ろう。

Jonathan has a **part-time** job at a café. Yesterday, he **received** his first **pay**.

He **wondered whether** he should **save** the money or use it. **At first**, he thought of **saving** it for a **future** trip. He was interested in **traveling abroad**. But **in the end**, he **decided** to get something that he really wanted now—a new tennis racket.

He went to a **nearby** sports shop and found the **perfect** racket. It was a little more **expensive** than he **expected**, but he was very happy to get it.

英文の訳

　ジョナサンはカフェでアルバイトをしています。昨日、彼は最初のお給料を受け取りました。
　彼はそのお金を貯金するか使うか迷いました。最初は、将来の旅行のために貯金しようと思いました。彼は海外旅行に興味がありました。でも結局、彼は今ほんとうにほしいものを買うことに決めました—新しいテニスラケットです。
　彼は近くのスポーツ用品店に行って、完ぺきなラケットを見つけました。思ったより少し高かったのですが、それを買ってとてもうれしかったです。

文法と表現

He wondered whether he should ～.
〈接続詞 whether〉
接続詞 whether は「…かどうか」の意味で、whether A or B または whether A or not の形で使われる。話し言葉では whether のかわりに if もよく使われる。
▶ I wonder whether[if] he is coming or not.
　彼は来るのかしら、来ないのかしら。

次はトレーニング！

合格直行！
Nobu's トレーニング

一緒に声に出して
マスターしよう！

① 単語・表現チェック >>>>>>> ▶ 26-4

英検によくでるものを集めました。先生のあとに英語を繰り返そう。

☐ receive	動 を受け取る
☐ accept	動 を受け入れる
☐ wonder	動 〜かなと思う
☐ whether	接 …かどうか、…であろうとなかろうと
☐ whether ... or not	…であろうとなかろうと
☐ save	動 (を) 蓄える、(を) 節約する、を救う
☐ future	形 未来の　名 (通例 the 〜) 将来、未来
☐ past	形 過去の　名 (通例 the 〜) 過去
☐ travel	動 (を) 旅行する
☐ abroad	副 海外へ [で、に]
☐ in the end	最後には、結局
☐ after all	結局 (は)
☐ in the beginning	初めに
☐ nearby	形 近くの
☐ expensive	形 高価な
☐ cheap	形 安い

② 見ながらリピート >>>>>>>>> ▶ 26-5

英文を見ながら、先生のあとに英語を言ってみよう。

③ 見ないでリピート >>>>>>>>> ▶ 26-6

英文を見ずに、先生のあとに英語を言ってみよう。

④ しあげのシャドーイング >>> ▶ 26-7

英文を見ずに、先生の声の直後を追いかけて英語を言ってみよう。

27 日常の物語文❸

最高のイタリア旅行

キムの楽しみは、夫と 2 人でいろいろなところに旅行に行くことです。

つきっきり英文解説 >>> 27-1 〜27-3

モデル音声と解説を聞いて、英文の内容を確認しよう。
大事なところはメモを取ろう。

Kim and her **husband traveled** to Italy last week. Since it was their first time there, they **hired** a **guide** to give them a tour.

They had a wonderful time visiting famous **tourist** spots, **such as** churches and museums. The **guide explained** the rich history **behind** each **site** and **offered** many interesting **facts**. The **couple** were very **impressed** with the **guide's** deep **knowledge** and passion for Italy.

英文の訳

　先週、キムと彼女の夫はイタリアに旅行しました。イタリアは今回初めてだったので、ツアーを提供してくれるガイドを雇いました。
　彼らは教会や美術館といった有名な観光スポットを訪れて、すばらしい時を過ごしました。ガイドはそれぞれの地に隠された豊かな歴史を説明し、たくさんの興味深い事実を提供しました。夫婦はガイドの深い知識とイタリアへの情熱にとても感銘を受けました。

文法と表現

The couple were very impressed with 〜.
〈by 以外を使う受け身〉
動詞 impress「〜に感銘を与える」の受け身の文。
be impressed with[by] 〜 は「〜に感銘を受ける」という意味。

次はトレーニング！

合格直行！
Nobu's トレーニング

がんばった分だけ
しっかり身につくよ！

① 単語・表現チェック ＞＞＞＞＞＞＞ ▶ 27-4

英検によくでるものを集めました。先生のあとに英語を繰り返そう。

□ husband	图 夫
□ wife	图 妻
□ hire	動 を雇う
□ guide	图 ガイド 動 （人）を案内する
□ tourist	图 観光客、旅行者
□ such as 〜	〜のような（≒ like）
□ explain	動 を説明する〈to 〜に〉
□ explanation	图 説明
□ behind	前 〜の後ろに
□ site	图 場所、用地、ウェブサイト
□ offer	動 （offer A B で）A に B を提供する、A に B を申し出る 图 申し出
□ fact	图 事実、実際にあったこと
□ couple	图 夫婦、カップル、一対
□ a couple of 〜	2, 3 の〜、2 つの
□ knowledge	图 知識

② 見ながらリピート ＞＞＞＞＞＞＞＞＞ ▶ 27-5

英文を見ながら、先生のあとに英語を言ってみよう。

Excuse me.

Excuse me.

③ 見ないでリピート ＞＞＞＞＞＞＞＞＞ ▶ 27-6

英文を見ずに、先生のあとに英語を言ってみよう。

Excuse me.

Excuse me.

④ しあげのシャドーイング ＞＞＞ ▶ 27-7

英文を見ずに、先生の声の直後を追いかけて英語を言ってみよう。

Excuse me. I want to...

Excuse me. I want to...

英文を聞き、その質問に対して最も適切なものを **1**、**2**、**3**、**4** の中から一つ選びなさい。

E05

No. 1
1 To make a meal for them.
2 To give up her phone every evening.
3 To eat at home every day.
4 To spend her birthday at home.

No. 2
1 Go through security.
2 Get off the plane.
3 Do some shopping.
4 Have something to drink.

No. 3
1 She started playing golf recently.
2 She practices golf every day after school.
3 She took part in a tournament last week.
4 She does not enjoy practicing golf.

No. 4
1 Apply for cat rescue volunteer opportunities.
2 Introduce some cats to this cat rescue organization.
3 Take care of some cats by himself.
4 Set up a cat rescue organization.

No. 5
1 He visits the fish market with his grandfather.
2 He helps his grandmother cook fish.
3 He works at a fish market with his grandfather.
4 He goes fishing with his grandfather.

解答・解説

No. 1 解答 **2**

Mary asked for a smartphone for her birthday, but her parents were worried that she would spend too much time using it. Eventually, they agreed to give her a smartphone if she promised not to use it during meal times at home and to give it to her parents at 9 p.m. every evening.
Question: What did Mary promise her parents?

メアリーは誕生日にスマートフォンを頼んだが、両親は彼女がスマホに時間を使いすぎるのではないかと心配した。結局、家で食事中に使わないこと、毎晩9時には両親に渡すことを約束すればスマートフォンを与えることに彼らは合意した。
質問：メアリーは両親に何を約束したか。

1 彼らに食事を作る。

2 毎晩電話を使うことをあきらめる。

3 毎日家で食事をする。

4 誕生日を家で過ごす。

解説 約束は2つで、家での食事中には使わないこと、もう1つは give it to her parents at 9 p.m. every evening「毎晩9時には両親にスマホを渡すこと」である。この内容に一致するのは**2**。

No. 2 解答 **4**

Catherine checked out of the hotel in the morning and took a taxi to the airport. Since she had two extra hours, she checked her list of presents for her family and bought a few more items. After she got through security, she realized she still had some time before take-off, so she decided to get a cup of coffee.
Question: What is Catherine probably going to do next?

キャサリンは午前中にホテルをチェックアウトし、タクシーで空港に行った。2時間余裕があったので、家族へのお土産リストを調べて、もう少し品物を買った。セキュリティーを通ったあと、まだ出発まで時間があることに気づいたので、コーヒーを飲むことにした。
質問：キャサリンは次に何をするだろうか。

1 セキュリティーを通る。

2 飛行機から降りる。

3 買い物をする。

4 飲み物を飲む。

解説 最後に she decided to get a cup of coffee「コーヒーを飲むことにした」と言っているので、これを言い換えた**4**が正解。

No. 3 解答 **3**

Sadie has played golf since she was very young. Now, she practices at a golf school four times a week. She enjoys practicing and is improving all the time. In fact, last weekend, she won a national tournament. Her dream is to become a professional golfer and play in tournaments all over the world.
Question: What is one thing that we learn about Sadie?

サディは幼い頃からゴルフをしている。現在は、週に4回ゴルフスクールで練習する。練習を楽しみ、常に上達している。実際、先週末、彼女は国内トーナメントで優勝した。彼女の夢はプロゴルファーになり、世界中のトーナメントでプレーすることだ。
質問：サディについてわかることの1つは何か。

1 最近ゴルフをし始めた。

2 毎日放課後ゴルフを練習する。

3 先週トーナメントに参加した。

4 練習を楽しんでいない。

解説 In fact, last weekend, she won a national tournament.「実際、先週末、彼女は国内トーナメントで優勝した」と言っている。**3**の She took part in a tournament last week. がこの内容に一致する。

No. 4 解答 1

Brian is a high school student who loves cats. He has been thinking about how he can help look after cats that live in poor conditions. Recently, he found a local site called "Save a Cat," which provides volunteer opportunities for teens. As his parents support him, he would like to start working for this cat rescue organization during the summer holidays.

Question: What will Brian probably do next?

ブライアンは猫が大好きな高校生だ。どうすれば悪い環境で暮らす猫の世話をする手助けができるかとずっと考えている。最近彼は「セーブ・ア・キャット」という名の地元のサイトを見つけた。そこは10代の若者にボランティアの機会を提供している。両親が支持してくれるので、ブライアンは夏休みの間にこの猫救助の組織で働き始めたいと思っている。

質問：ブライアンは次におそらく何をするか。

1 猫レスキューのボランティアの機会に応募する。

2 この猫レスキューの組織を猫たちに紹介する。

3 何匹かの猫を自分で世話する。

4 猫レスキューの組織を立ち上げる。

解説 "Save a Cat" について、which provides volunteer opportunities for teens「10代の若者にボランティアのチャンスを提供している」と説明されている。最終文の he would like to start working for this cat rescue organization during the summer holidays「彼は夏休みの間にこの猫レスキューの組織で働き始めたいと思っている」から、ブライアンは猫レスキューのボランティアをすると考えられる。この内容に一致する **1** が正解。

No. 5 解答 1

Yuji's grandparents live in Tottori. They own a small restaurant. Every summer vacation, Yuji helps his grandparents with their business. Early every morning, Yuji and his grandfather visit the fish market. He helps his grandfather choose the best fresh fish to take back for his grandmother to cook later. In the future, Yuji wants to take over his grandparents' business.

Question: What does Yuji do during his summer vacation?

ユージの祖父母は鳥取に住んでいる。彼らは小さなレストランを所有している。毎年夏休みにユージは祖父母の店を手伝う。毎朝早く、ユージと祖父は魚市場を訪れる。持って帰ってあとで祖母に料理してもらうため、ユージは祖父が最高の新鮮な魚を選ぶ手助けをする。将来、ユージは祖父母の仕事を引き継ぎたいと思っている。

質問：ユージは夏休みの間に何をするか。

1 祖父といっしょに魚市場を訪れる。

2 祖母が魚を料理するのを手伝う。

3 祖父といっしょに魚市場で働く。

4 祖父といっしょに魚釣りに行く。

解説 ユージが夏休みにすることについて、店を手伝うと説明したあと、その内容を Yuji and his grandfather visit the fish market とくわしく述べている。**1** がこれに一致する。

まとめて覚える！単熟語

レッスンに登場していない重要単熟語です。
音声のあとに英語を繰り返しましょう。

●移動・外出

▶M07

□ **turn**	動 進路を変える、を曲がる、変わる〈to, into ~に〉		□ **countryside**	名 (通例 the ~)田舎、田園地帯
□ **reach**	動 に到着する（≒ get to, arrive at[in]）		□ **transportation**	名 交通[輸送]機関、輸送
□ **deliver**	動 (を)配達する		□ **close**	形 接近した〈to ~に〉、親密な
□ **climb**	動 (を)登る		□ **far**	副 (距離が)遠くに(⇔ near)、(時間が)はるかに
□ **sail**	動 航海する		□ **inside**	副 屋内に[で]、内側に[で] (⇔ outside)
□ **transport**	動 を輸送する		□ **outside**	副 外に[で] (⇔ inside)
□ **access**	動 に近づく、にアクセスする		□ **outdoor**	形 野外(で)の、屋外(で)の(⇔ indoor)
□ **corner**	名 角、隅		□ **portable**	形 携帯できる
□ **route**	名 道筋、ルート		□ **through**	前 ~を通って、~を通じて、~中ずっと
□ **direction**	名 方向、(~s)指示		□ **get away**	離れる
□ **distance**	名 距離		□ **slow down**	スピードを落とす
□ **vehicle**	名 車、乗り物		□ **all the way**	はるばる
□ **flight**	名 定期航空便、フライト、飛行		□ **on foot**	徒歩で
□ **journey**	名 (陸路の)旅行（≒ travel）			

28

ひさびさのお誘い

しばらく会っていなかった学生時代の友達からメールが来ました。

つきっきり英文解説 >>> 28-1 ～28-3

モデル音声と解説を聞いて、英文の内容を確認しよう。
大事なところはメモを取ろう。

From: Edward Miller <edmil77@obnb.com>
To: Meghan Moore <megmeg@dsgnrs.com>
Date: May 19
Subject: Sunday afternoon

- -

How are you? I heard that you **recently changed** jobs. Are you still **working** in the **design industry**? I hope everything is **going well**.

By the way, you **mentioned** before that you're a fan of **classical** music. I **happened to** get two tickets for a concert this Sunday afternoon. Would you like to come with me? I **was supposed to** go with my aunt, but she had to **cancel**. If you're interested, please **reply** by Friday.

英文の訳

　お元気ですか。最近転職したと聞きました。まだデザイン業界で働いているのですか。何もかも順調なことと思います。

　ところで、以前にクラシック音楽のファンだと言っていましたね。今度の日曜日の午後にあるコンサートのチケットを2枚、たまたま入手しました。私といっしょに行きませんか。おばと行くはずだったのですが、彼女はキャンセルしなければならなくて。もし興味があれば、金曜日までにお返事ください。

文法と表現

I heard that you recently changed jobs.
〈recently の用法〉
recently は「最近、近頃」の意味で、主に過去形または現在完了形と使う。lately も似たような意味だが、主に現在完了形とともに使われる。

次はトレーニング！

合格直行！
Nobu's トレーニング

元気に言ってみよう！
Don't be shy!

① 単語・表現チェック ＞＞＞＞＞＞＞ ▶ 28-4

英検によくでるものを集めました。先生のあとに英語を繰り返そう。

☐ recently	副 最近、近頃
☐ recent	形 最近の
☐ lately	副 最近、近頃
☐ change	動 を変える、変わる〈into 〜に〉
☐ exchange	動 を交換する、を両替する〈for 〜と〉
☐ design	名 デザイン、設計　動（を）デザイン［設計］する
☐ industry	名 産業、工業
☐ go well	うまくいく
☐ mention	動 を述べる〈that …ということ〉、に言及する
☐ classical	形 古典の、クラシックの
☐ happen to *do*	たまたま〜する
☐ occur	起こる（≒ happen）、思い浮かぶ〈to 〜に〉
☐ cancel	動 を中止する、を取り消す
☐ put off 〜	〜を延期する
☐ reply	動 返事をする、答える〈to 〜に〉

☑

② 見ながらリピート ＞＞＞＞＞＞＞＞＞ ▶ 28-5

英文を見ながら、先生のあとに英語を言ってみよう。

Excuse me.
Excuse me.

☑

③ 見ないでリピート ＞＞＞＞＞＞＞＞＞ ▶ 28-6

英文を見ずに、先生のあとに英語を言ってみよう。

Excuse me.
Excuse me.

☑

④ しあげのシャドーイング ＞＞＞ ▶ 28-7

英文を見ずに、先生の声の直後を追いかけて英語を言ってみよう。

Excuse me. I want to...
Excuse me. I want to...

☑

29

待ちきれません！

高校生のリアムは、いつもかわいがってくれるおじにメールを書きました。

つきっきり英文解説 >>> 📱 29-1 〜29-3

モデル音声と解説を聞いて、英文の内容を確認しよう。
大事なところはメモを取ろう。

From: Liam Thompson <liam2020@il-mail.com>
To: Henry Davis <harrysmail@nycabc.com>
Date: October 28
Subject: This spring

- -

Hi Uncle Henry,
Mom told me that you will be visiting us this spring.
I can't **wait**! It's been a year since you **left** Chicago
and **moved** away to New York. I **miss** you. **What
is it like** there? **Is** it very **different from** here in
Chicago?
A few months ago, I started taking guitar lessons!
It's really **fun**. My **goal** is to **perform** in the music
festival at my school this December. My teacher
says I'm **making** good **progress**. **Anyway**, I **look
forward to** seeing you soon! **Take care**!
Your **nephew**, Liam

英文の訳

ヘンリーおじさんへ、
　あなたがこの春にぼくたちの家に来ることになると
ママが教えてくれました。待ちきれません！　あなた
がシカゴを去ってニューヨークに引っ越ししてしまって
からもう1年です。会えなくて寂しいです。そちらは
どんな様子ですか。ここシカゴとは全然違いますか。
　何か月か前に、ぼくはギターのレッスンを始めまし
た！　すごく楽しいです。ぼくの目標は、今年の12
月にある学校の音楽祭で演奏することです。先生は、
ぼくはうまいこと上達していると言ってくれています。
とにかく、もうすぐ会えることを楽しみにしていま
す！　では気をつけて！
あなたのおい、リアム

文法と表現

you will be visiting us this spring.
〈未来進行形〉
〈will be *doing*〉は「（そのとき）〜しているでしょう」
の意味で未来の動作の進行を表すこともあるが、「（何
かの都合で）〜することになる」と言うときにもよく
使われる。ここでは後者の意味で使われている。

次はトレーニング！

合格直行！
Nobu's トレーニング

一緒に声に出して
マスターしよう！

① 単語・表現チェック >>>>>>> ▶ 29-4

英検によくでるものを集めました。先生のあとに英語を繰り返そう。

☐ leave	動（を）去る〈for 〜に向けて〉、(leave A B で) A を B のままにしておく、を置き忘れる ★leave-left-left
☐ move 　☐ movement	動 引っ越す〈to 〜へ〉、を動かす、を感動させる 名 運動、動き
☐ miss	動 がいなくて寂しく思う、をし損なう、に乗り遅れる
☐ What is *A* like?	A はどんなですか。　▶ What's the weather like? 天気はどうですか。
☐ be different from 〜 　☐ different 　☐ difference 　☐ make a difference	〜と異なる 形 違った、いろいろな 名 違い 違いをもたらす
☐ make progress 　☐ progress	進歩する 名 進歩〈in 〜での〉、前進
☐ anyway	副 とにかく
☐ Take care.	（別れ際に）気をつけて。／お大事に。
☐ nephew 　☐ niece	名 おい 名 めい

☑

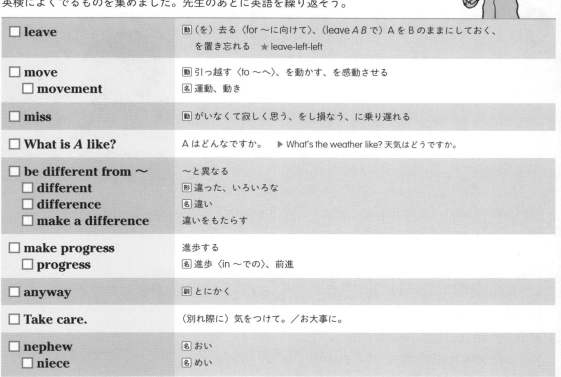

② 見ながらリピート >>>>>>>>> ▶ 29-5

英文を見ながら、先生のあとに英語を言ってみよう。

Excuse me.

Excuse me.

☑

③ 見ないでリピート >>>>>>>>> ▶ 29-6

英文を見ずに、先生のあとに英語を言ってみよう。

Excuse me.

Excuse me.

☑

④ しあげのシャドーイング >>> ▶ 29-7

英文を見ずに、先生の声の直後を追いかけて英語を言ってみよう。

Excuse me. I want to...

Excuse me. I want to...

☑

30

いっしょに勉強しない?

来週はテストです。友達のアメリアからメールが届きました。

つきっきり英文解説 >>> 📱 30-1 ～30-3

モデル音声と解説を聞いて、英文の内容を確認しよう。
大事なところはメモを取ろう。

From: Amelia Taylor <millie523@stdysc.com>
To: Noah Garcia <noey82@dtmail.com>
Date: April 5
Subject: Biology exam

- -

How was your baseball game yesterday? I **guess** it
was a big game, right? I hope you **won**!
Anyway, as you know, we have a **biology** **exam**
next week. I'm **wondering** if you'd like to study for
it together this weekend. My **score** was **pretty** bad
last time. You told me you didn't **do well either**.
Maybe we can help **each other.**
We can **get together** at the **public** library or my
apartment. **Let** me know what you think!

英文の訳

　昨日の野球の試合はどうだった?　大事な試合だっ
たんでしょ?　勝っていますように!
　とにかく、知ってのとおり、来週は生物のテストが
あります。よかったら今週末にいっしょにその勉強を
しないかなと思って。前回、私の点数は結構悪くて。
あなたもよくできなかったって言ってたよね。もしか
したらおたがいを助け合えるかも。
　公立図書館に集まってもいいし、私のアパートでも
いいよ。あなたの考えを教えて!

文法と表現

I'm wondering if you'd like to study ～.
〈「～かどうか」を表す if〉
この if は「もし～」ではなく「～かどうか」という意
味で、whether と同じ働きをしている。「あなたが
いっしょに勉強したいかどうかと思う。」という意味。

次はトレーニング!

合格直行！
Nobu's トレーニング

がんばった分だけ
しっかり身につくよ！

① 単語・表現チェック >>>>>>> ▶ 30-4

英検によくでるものを集めました。先生のあとに英語を繰り返そう。

□ **guess**	動 を［と］推測する
□ **exam**	名 試験　● examination の略。
□ **examination**	名 試験
□ **score**	名 得点
□ **pretty**	副 なかなか、結構、とても
□ **do well**	うまくいく、成功する
□ **either**	副 （否定文で）〜もまた（…ない）　● 肯定文では too を使う。
□ **either _A_ or _B_**	A か B のどちらか
□ **maybe**	副 もしかすると、たぶん
□ **perhaps**	副 もしかすると　● maybe よりもかたい言い方。
□ **each other**	おたがい
□ **get together**	集まる
□ **public**	形 公立の、公共の
□ **apartment**	名 アパート　● アパートの部屋を表す。

② 見ながらリピート >>>>>>>>>> ▶ 30-5

英文を見ながら、先生のあとに英語を言ってみよう。

③ 見ないでリピート >>>>>>>>>> ▶ 30-6

英文を見ずに、先生のあとに英語を言ってみよう。

④ しあげのシャドーイング >>> ▶ 30-7

英文を見ずに、先生の声の直後を追いかけて英語を言ってみよう。

31 メール❹ イルカショーの詳細

水族館に問い合わせのメールを出したら返事が返ってきました。

つきっきり英文解説 >>> 31-1 〜31-3

モデル音声と解説を聞いて、英文の内容を確認しよう。
大事なところはメモを取ろう。

From: Joe Lewis <joelewis@pacific-aq.com>
To: Sofia Martin <fifi303@cbanw.com>
Date: July 19
Subject: Re: Dolphin show

- -

This is Joe from Pacific **Aquarium**. Thank you for your e-mail.

You **asked for** more **information** about our dolphin show. We have four shows a day, and each show is 20 minutes long. There's no **extra charge** for the show. It's **included** in the **admission fee**. After the show, you can **touch** the dolphins and also take pictures with them. **However**, I'm **afraid** you can't **feed** them **anymore**. It's a new **rule** that we have.

If you have any **further** questions, please **feel free to** ask. We hope you enjoy your visit to Pacific **Aquarium**.

英文の訳

　パシフィック水族館のジョーと申します。メールをありがとうございます。

　私たちのイルカショーについて詳細をおたずねいただきました。ショーは1日4回で、それぞれ20分間です。ショーに追加料金はかかりません。入場料に含まれています。ショーのあとには、イルカにさわっていっしょに写真を撮ることもできます。しかし、残念ながら今はもうえさをやることはできません。私たちの新しい規則です。

　もしさらにご質問がありましたら、遠慮なくおたずねください。パシフィック水族館へのご訪問を楽しんでいただけるよう願っております。

文法と表現

We have four shows a day, 〜. 〈頻度を表す a〉
この a day は「1日につき」の意味。a のかわりに per が使われることもある。
▶ twice a week　1週間に2回
▶ 50 miles an[per] hour　1時間に50マイル

次はトレーニング！

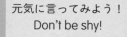
元気に言ってみよう！
Don't be shy!

合格直行！
Nobu's トレーニング

 単語・表現チェック >>>>>>> 31-4

英検によくでるものを集めました。先生のあとに英語を繰り返そう。

☐ **aquarium**	图 水族館、水槽
☐ **ask for 〜**	〜を求める
☐ **information**	图 情報
☐ **extra**	圏 追加の、余分の
☐ **charge**	图（サービスに対する）料金
☐ **include**	動 を含む
☐ **admission**	图 入場（許可）、入会、入学
☐ **admit**	動（入場・入学など）を認める〈to 〜への〉、を（事実・妥当だと）認める
☐ **fee**	图 料金、授業料、謝礼
☐ **touch**	動（に）触れる、を感動させる
☐ **feed**	動 に食べ物を与える
☐ **anymore**	副（否定文で）今はもう（〜ない）、これ以上（〜ない）
☐ **rule**	图 規則、支配
☐ **further**	圏 さらなる、もっと遠い
☐ **feel free to** *do*	遠慮なく〜する

 見ながらリピート >>>>>>>>> 31-5

英文を見ながら、先生のあとに英語を言ってみよう。

 見ないでリピート >>>>>>>>> 31-6

英文を見ずに、先生のあとに英語を言ってみよう。

 しあげのシャドーイング >>> 31-7

英文を見ずに、先生の声の直後を追いかけて英語を言ってみよう。

111

次の英文の内容に関して、*(1)* から *(3)* までの質問に対して最も適切なもの、または文を完成させるのに最も適切なものを **1**、**2**、**3**、**4** の中から一つ選びなさい。

From: Jenny Lawson <jklawson@beenet.com>
To: Tom Lawson <thomaslawson@homehivenet.com>
Date: March 1
Subject: Biology Project

Hi Uncle Tom,

How are you? I'm fine but I have been very busy recently with school exams. I have also started learning to play the drums. It is very difficult but it's fun for me to learn a new skill. My goal for this year is to start a band with my friends. My best friend also plays the drums but she moved away from our town last year. I need to find some more friends who like music!

I hope you enjoyed your trip to Hawaii. You got home last week, right? Mom showed me the photos of the beach and the beautiful scenery you took. I would love to go there too and see all those places someday. It looks very different from our hometown. I have never even flown on a plane before!

By the way, I was wondering if you could help me with my biology project. I have to make a presentation about different kinds of fish. You worked at an aquarium a few years ago, right? If you have time, could I ask you some questions? Maybe we could get together this weekend so that I can interview you. You can come to our apartment. Mom says you haven't seen each other since Christmas. Anyway, please let me know if we can meet.

Take care,
Jenny

(1) What is Jenny's aim for this year?

    1 She wants to start learning the drums.

    2 She plans to move to a different town.

    3 She hopes to pass her school exams.

    4 She would like to form a music group.

(2) What does Jenny want to do in the future?

    1 Visit the places her uncle saw in Hawaii.

    2 See the photos of nature in Hawaii her uncle took.

    3 Go to the beach with her uncle.

    4 Learn to fly an airplane.

(3) Jenny asks her uncle to

    1 give her advice about working at an aquarium in the future.

    2 help her with a school project about sea life.

    3 provide her with information about passing a job interview.

    4 tell her his plans for how he will spend Christmas.

解答・解説

送信者：ジェニー・ローソン <jklawson@beenet.com>
受信者：トム・ローソン <thomaslawson@homehivenet.com>
日付：3月1日
件名：生物学のプロジェクト

トムおじさん、こんにちは、

お元気ですか。私は元気ですが、最近学校の試験で忙しくしています。ドラムも習い始めました。とても難しいですが、新しいスキルを習うのは楽しいです。今年の私の目標は友達といっしょにバンドを始めることです。私の親友もドラムを演奏しますが、彼女は昨年、私たちの町から引っ越していきました。音楽が好きな友達をもっと見つける必要があるわ！

ハワイ旅行を楽しまれたことと思います。先週帰ってきたんですよね？　お母さんが、おじさんが撮ったビーチと美しい景色の写真を見せてくれました。私もそこに行って、いつかそれらの場所を全部見たいです。私たちの地元の町とはとても違うように見えます。私は今まで一度も飛行機に乗ったことすらないです！

ところで、私の生物学のプロジェクトを手伝ってもらえないかと思っています。いろいろな種類の魚についてプレゼンテーションをしなければなりません。おじさんは数年前に水族館で働いていましたよね？　もし時間があれば、いくつか質問してもいいでしょうか。おじさんにインタビューできるように、今週末に会えるといいのですが。私たちのアパートに来てもらっても構いません。お母さんはおじさんとクリスマス以来会っていないと言っています。とにかく、私たちが会えるかどうかお知らせください。

では、

ジェニー

(1) 解答　**4**

ジェニーの今年の目標は何か。

1 彼女はドラムを習い始めたいと思っている。

2 彼女はほかの町に引っ越すつもりである。

3 彼女は学校の試験に合格したいと思っている。

4 彼女は音楽グループを結成したいと思っている。

解説　メールの第1段落からの出題。質問文のthis yearを手がかりに読んでいくと、My goal for this year is to start a band with my friends. とあり、この部分から、**4**が正解。本文のgoalを質問文では aim と、また start a band を**4**では form a music group と言い換えている。**1**については、メールに I have also started learning to play the drums. とあり、ドラムはすでに習い始めたので不適切。

(2) 解答　**1**

ジェニーは将来、何をしたいと思っているか。

1 おじがハワイで見た場所を訪れる。

2 おじが撮ったハワイの自然の写真を見る。

3 おじといっしょにビーチへ行く。

4 航空機の操縦を学ぶ。

解説　メールの第2段落からの出題。将来について書かれている箇所を探しながら読むと、I would love to go there too and see all those places someday. とある。文脈から there は Hawaii のことで those places はおじが撮った写真に写っていた場所と考えられる。よって、**1**が正解。写真はすでに母親に見せてもらったので**2**は不適。

(3) 解答　**2**

ジェニーがおじに頼んでいることは

1 将来水族館で働くことについて彼女に助言を与える。

2 海洋生物についての学校のプロジェクトで彼女を手伝う。

3 仕事の面接に合格することについての情報を彼女に与える。

4 クリスマスをどう過ごすかの計画を彼女に教える。

解説　メールの第3段落からの出題。メールの件名に「生物学のプロジェクト」とあるように、ここからが本題。おじに頼んでいることは、I was wondering if you could help me with my biology project. の部分にあり、project の具体的な内容として「いろいろな種類の魚についてのプレゼンテーション」と説明している。よって、**2**が正解。I was wondering if you could 〜. はていねいな依頼表現である。

32

ご来店ありがとうございます

デパートで買い物していたら、アナウンスが流れてきました。

つきっきり英文解説 >>> 32-1〜32-3

モデル音声と解説を聞いて、英文の内容を確認しよう。
大事なところはメモを取ろう。

Welcome to Stacy's Department Store. This weekend, we have a **special offer** for you. **Spend** over 50 dollars and **receive** a 5% **discount** off your **total price**. Also, if you **join** the Stacy's **shopper** program, we will give you our **convenient reusable** shopping bag **for free**. **Take advantage of** this **special opportunity**. But **remember**, this **offer** is only for this weekend. We hope you enjoy shopping at Stacy's.

英文の訳

　ステーシーズ・デパートへようこそ。今週末、お客様に当店から特別オファーがございます。50ドルを超えるお買い物をしていただくと、合計金額から5%の割引となります。また、ステーシーのお得意様プログラムにご入会いただいた方には、当店の便利なエコバッグを無料で差し上げます。この機会をぜひご利用ください。しかしお忘れなく、このオファーは今週末限りです。ステーシーズでのお買い物をお楽しみください。

文法と表現

Spend over 50 dollars and 〜.
〈命令文 + and 〜.〉

〈命令文 + and 〜〉の形で、「…しなさい、そうすれば〜」の意味を表す。「50ドルを超えて使いなさい、そうすれば5%の割引を受けられます。」という意味。広告では、and が省略された形でよく使われる。
▶ Buy 1 Get 1 Free
　1つ買えばもう1つを無料プレゼント《掲示》

次はトレーニング！

合格直行！
Nobu's トレーニング

一緒に声に出して
マスターしよう！

① 単語・表現チェック >>>>>>> ▶ 32-4

英検によくでるものを集めました。先生のあとに英語を繰り返そう。

☐ **special**	形 特別な
☐ **spend**	動 (お金・時間) を使う [費やす]〈on 〜に、*doing* 〜することに〉 ★ spend-spent-spent
☐ **discount**	名 割引、値引　動 (価格・勘定) を割り引く
☐ **price**	名 価格、(〜s) 物価
☐ **shopper**	名 買い物客
☐ **convenient**	形 便利な
☐ **reusable** 　☐ **reuse**	形 再利用できる　▶ a reusable shopping bag 再利用できる買い物袋 (エコバッグ) 動 を再利用する
☐ **for free** 　☐ **for nothing**	無料で 無料で
☐ **take advantage of 〜** 　☐ **advantage** 　☐ **disadvantage**	〜を利用する 名 有利な点、利益 名 不利な点、不利益
☐ **opportunity**	名 機会

☑

② 見ながらリピート >>>>>>>>> ▶ 32-5

英文を見ながら、先生のあとに英語を言ってみよう。

☑

③ 見ないでリピート >>>>>>>>> ▶ 32-6

英文を見ずに、先生のあとに英語を言ってみよう。

☑

④ しあげのシャドーイング >>> ▶ 32-7

英文を見ずに、先生の声の直後を追いかけて英語を言ってみよう。

☑

33 アナウンス・説明❷

発車までしばらくお待ちください

駅で電車に乗り込みましたが、なかなか発車しません。すると車内放送が流れてきました。

つきっきり英文解説 >>> 33-1 ～33-3

モデル音声と解説を聞いて、英文の内容を確認しよう。
大事なところはメモを取ろう。

Attention, all **passengers**. We are **experiencing** a small **technical** problem with one of the **front** lights on this train. Our **engineers** are working on it right now. **However**, **departure** could be **delayed** for 10 or 15 minutes. If you are **in a hurry** to get to Ellis City, please take the Red Line on **Track** 3. The Red Line will be **departing** in 5 minutes. We **apologize** for the inconvenience. Thank you for your **patience**.

英文の訳

　ご乗車の皆様にご案内いたします。この列車のヘッドライトの1つに、軽度の技術的な問題が生じております。現在、技術者が対応中です。しかしながら、発車は10分から15分遅れる可能性がございます。エリス・シティーにお急ぎのお客様は、3番線からレッド線をご利用ください。レッド線は5分後に発車いたします。ご不便をおわび申し上げます。お客様のご協力ありがとうございます。

文法と表現

departure could be delayed ～
〈助動詞 could〉
could は can の過去形だが、この could には過去の意味はなく「～するかもしれない」という可能性を表す。50％よりも低い可能性を表すことが多い。

次はトレーニング！

がんばった分だけ
しっかり身につくよ！

① 単語・表現チェック ＞＞＞＞＞＞＞ ▶ 33-4

英検によくでるものを集めました。先生のあとに英語を繰り返そう。

☐ **attention**	名 注意、注目　▶ Attention, please.（アナウンスで）お知らせいたします。
☐ **passenger**	名 （列車・飛行機・船などの）乗客
☐ **experience**	動 を経験する　名 経験〈in, of, with ～の〉
☐ **technical**	形 技術的な、専門の、工学技術の
☐ **front**	形 前面の　名 (the ～)（最）前部（⇔ back）、正面、前線
☐ **engineer**	名 エンジニア、技術者
☐ **departure**　☐ **arrival**	名 出発 名 到着
☐ **delay**	動 を遅らせる、を延期する〈*doing* ～すること〉　名 遅れ
☐ **in a hurry**	急いで
☐ **track**	名 線路、走路、（通例 ～s）通った跡
☐ **depart**　☐ **arrive**	動 出発する 動 到着する
☐ **apologize**	動 謝る〈to ～に、for ～のことで〉
☐ **patience**	名 忍耐

☑

② 見ながらリピート ＞＞＞＞＞＞＞＞＞ ▶ 33-5

英文を見ながら、先生のあとに英語を言ってみよう。

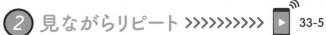

Excuse me.
Excuse me.

☑

③ 見ないでリピート ＞＞＞＞＞＞＞＞＞ ▶ 33-6

英文を見ずに、先生のあとに英語を言ってみよう。

Excuse me.
Excuse me.

☑

④ しあげのシャドーイング ＞＞＞ ▶ 33-7

英文を見ずに、先生の声の直後を追いかけて英語を言ってみよう。

Excuse me. I want to...
Excuse me. I want to...

☑

次の英文を読み、その文意にそって*(1)* と *(2)* の（　　　）に入れるのに最も適切なものを **1**、**2**、**3**、**4** の中から一つ選びなさい。

Train Trip

Tony and Amy have an eight-year-old son, Michael. Even though they are very busy, they try to spend as much time as possible with him. They believe that (**1**) is very important for their son, especially as he is growing up. They often take Michael on train trips. Tony's parents used to take him on a lot of trips by train, and he actually first met Amy at a railroad event. All of them are great fans of trains.

Last weekend, they took an overnight train trip. They were very excited, because that overnight train was very popular and it was hard to reserve seats. On their way to the station, Tony realized that he had forgotten to (**2**). The adult fare was half the price with it. Luckily, it was still early, and they had enough time to go back home before the train departed. They hurried home to get it and made it back to the station in time to catch the train. They really enjoyed the trip.

(1)　**1**　sharing many experiences　　　**2**　earning a lot of money
　　　3　reading many books　　　　　　**4**　traveling many places alone

(2)　**1**　lock the front door　　　　　　**2**　reserve a seat for Michael
　　　3　bring his discount pass　　　　 **4**　bring his hotel member's card

解答・解説

列車の旅

　トニーとエイミーには8歳の息子のマイケルがいる。彼らは非常に忙しいにもかかわらず、マイケルとできる限り多くの時間を費やそうと努力している。彼らは多くの経験を共有することが息子にとって、特に彼が成長しているときにとても大事だと信じている。彼らはよく、マイケルを列車の旅に連れて行く。トニーの両親が昔よく彼を列車で旅行に連れて行き、実際、彼はある鉄道イベントでエイミーと出会ったのである。彼らはみんな鉄道の大ファンなのだ。

　先週末、彼らは夜行列車の旅をした。その夜行列車はとても人気があり、席を予約するのが大変だったため、彼らはとてもワクワクしていた。駅に向かう途中、トニーは割引パスを持ってくるのを忘れたことに気づいた。それがあれば大人の運賃が半額だったのだ。幸い、まだ早かったので、列車が出発する前に彼らは家に帰る時間が十分にあった。彼らは急いでそれを取りに帰り、列車に間に合うよう駅に戻ってきた。彼らはその旅をとても楽しんだ。

(1)　解答　**1**

1 多くの経験を共有すること　　　　　　**2** 多くのお金を稼ぐこと

3 多くの本を読むこと　　　　　　　　　**4** 多くの場所を1人で旅すること

解説　空所のある文の主語Theyはマイケルの親であるトニーとエイミーのこと。2人が息子が成長するときに大事だと考えていることは、その前後の「マイケルとできる限り多くの時間を費やそうと努力している」「よくマイケルを列車の旅に連れて行く」という内容から、「多くの経験を共有すること」だと判断できる。

(2)　解答　**3**

1 玄関に鍵をかける　　　　　　　　　　**2** マイケルの席を予約する

3 割引パスを持ってくる　　　　　　　　**4** ホテルの会員カードを持ってくる

解説　夜行列車の旅に向けて、3人が駅に向かう途中である。空所にはトニーが忘れたことが入る。空所後の「それがあれば大人の運賃が半額だった」のitが何かを考えると、**3**の「割引パス」である。

34 まもなく開演でございます

劇場にミュージカルを見にきました。席で開演を待っていると、アナウンスが流れてきました。

つきっきり英文解説 >>> 🔊 34-1 ～34-3

モデル音声と解説を聞いて、英文の内容を確認しよう。
大事なところはメモを取ろう。

Welcome to the Fifth **Avenue Theater**. Thank you for **attending** today's **performance**.

The show will start in five minutes. Please **make sure** that you have **turned off** your phones. Also, we remind you that taking pictures or **videos** is not **allowed** during the **performance**. **The first half** of the show will be 60 minutes. We will then have a short **break**. Coffee and **other refreshments** are **available** in the **lobby** during the **break**.

It's **almost** time. **Sit back**, **relax**, and enjoy the show.

英文の訳

　5番街劇場へようこそ。本日の公演にご来場いただきありがとうございます。
　開演は5分後です。電話がオフになっていることをご確認ください。また、公演中の写真や動画の撮影は禁止されていることをお忘れなく。ショーの前半は60分です。その後短い休憩時間がございます。休憩時間中はロビーでコーヒーやそのほかの軽い飲食物をご用意しております。
　そろそろお時間です。お座席でゆったりと、くつろいで、ショーをお楽しみくださいませ。

文法と表現

we remind you that ～. 〈remind の用法〉
動詞 remind は「思い出させる」。〈remind A that ～〉の形で「A（人）に～ということを思い出させる」の意味を表す。ここでは、撮影禁止のルールについて「（念のため）記憶を呼び戻して気づかせる」「忘れていないか注意する」という意味合いで使われている。

次はトレーニング！

合格直行！ Nobu's トレーニング

元気に言ってみよう！
Don't be shy!

① 単語・表現チェック >>>>>>> ▶ 34-4

英検によくでるものを集めました。先生のあとに英語を繰り返そう。

☐ avenue	名 大通り
☐ theater	名 劇場
☐ attend	動 （に）出席する、の世話をする
☐ attendance	名 出席
☐ attendant	名 （会社・ホテルなどの）サービス係、付添い人
☐ turn off 〜	〜のスイッチを切る
☐ turn on 〜	〜のスイッチを入れる
☐ allow	動 （allow A to do で）A が〜するのを許す
☐ the first half	前半
☐ the latter half	後半
☐ refreshment	名 軽い飲食物
☐ lobby	名 （ホテル・劇場などの）ロビー
☐ sit back	いすの背にもたれて座る
☐ relax	動 くつろぐ、（筋肉などが）緩む、をくつろがせる

② 見ながらリピート >>>>>>>>> ▶ 34-5

英文を見ながら、先生のあとに英語を言ってみよう。

③ 見ないでリピート >>>>>>>>> ▶ 34-6

英文を見ずに、先生のあとに英語を言ってみよう。

④ しあげのシャドーイング >>> ▶ 34-7

英文を見ずに、先生の声の直後を追いかけて英語を言ってみよう。

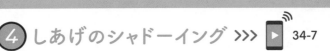

アート・ツアーにようこそ

美術館内のガイドツアーに参加しました。案内してくれる係員から説明があります。

つきっきり英文解説 >>> 📱 35-1 〜35-3

モデル音声と解説を聞いて、英文の内容を確認しよう。
大事なところはメモを取ろう。

Good afternoon, **ladies and gentlemen**. Thank you for **joining** this art tour. Today, I'm excited to **introduce paintings** from the 18th **century**. I will show you many **unique techniques** that were born in this **period**. I'll also talk about how they **influenced** the art of **future** generations. **At the end of** the tour, I've also **prepared** a little **workshop**. We will each make our **own painting** using these **techniques**.

英文の訳

　こんにちは、お集まりの皆様。このアート・ツアーにご参加いただきありがとうございます。今日は、皆様に 18 世紀の絵画をご紹介できることにわくわくしております。この時代に生まれたたくさんの独特な技法をご覧いただきます。また、それらがその後の世代の芸術にどのように影響を与えたのかについてお話しします。ツアーの最後には、ちょっとしたワークショップをご用意しております。これらの技法を使って、私たちそれぞれが自分自身の絵画を制作いたします。

文法と表現

I'll also talk about how they influenced 〜.
〈間接疑問文〉
talk about のあとに how や what などの疑問詞が続くことがある。この場合、about のあとは〈疑問詞＋主語＋動詞〜〉の語順になることに注意。

次はトレーニング！

合格直行！
Nobu's トレーニング

一緒に声に出して
マスターしよう！

① 単語・表現チェック >>>>>>> ▶ 35-4

英検によくでるものを集めました。先生のあとに英語を繰り返そう。

☐ **Ladies and gentlemen.**	ご来場の皆様。　●講演などの最初の呼びかけ。
☐ **introduce**	動 を紹介する、を導入する〈to 〜に〉
☐ **introduction**	名 紹介、導入
☐ **painting**	名 絵画
☐ **paint**	動 の絵を描く、にペンキを塗る
☐ **century**	名 1世紀、100年（間）
☐ **unique**	形 独特の、ユニークな、唯一の
☐ **technique**	名 技法、技術、技巧
☐ **period**	名 時代、期間、ピリオド
☐ **influence**	動 に影響を与える　名 影響〈on 〜への〉
☐ **generation**	名 世代
☐ **at the end of 〜**	〜の終わりに
☐ **workshop**	名 ワークショップ、研究会

☑

② 見ながらリピート >>>>>>>>>> ▶ 35-5

英文を見ながら、先生のあとに英語を言ってみよう。

☑

③ 見ないでリピート >>>>>>>>>> ▶ 35-6

英文を見ずに、先生のあとに英語を言ってみよう。

☑

④ しあげのシャドーイング >>> ▶ 35-7

英文を見ずに、先生の声の直後を追いかけて英語を言ってみよう。

☑

36

究極のチキンスープ

料理教室で先生の説明が始まりました。

つきっきり英文解説 >>> 🔊 36-1 〜36-3

モデル音声と解説を聞いて、英文の内容を確認しよう。
大事なところはメモを取ろう。

OK, everyone. Let's begin today's cooking class. This month, we're learning how to **prepare** **tasty** meat dishes. Last week, I **introduced** some **tips** for **grilling** steak. Today, I'm going to **share** my favorite **recipe** for making **amazing** chicken soup. There's an **ideal** way to **boil** the meat. It's **quite** **simple**, and if you **follow** it, I **promise** your soup will **taste** great. OK. First, let's cut up the chicken and **vegetables**.

英文の訳

　では、みなさん。今日の料理教室を始めましょう。今月は、おいしい肉料理の作り方を学んでいます。先週は、ステーキの焼き方のコツをいくつかご紹介しました。今日は、びっくりするほどおいしいチキンスープを作るための、私の大好きなレシピをお伝えします。お肉をゆでるための理想的なやり方があるのです。とても簡単で、それを守れば、みなさんのスープがすばらしい味になることをお約束します。では。まず、とり肉と野菜を切りましょう。

文法と表現

I promise 〜. 〈promise の用法〉
上の文は〈promise that ＋ A ＋ 動詞［助動詞］〜〉の形で「A が〜することを約束する」という意味。接続詞の that が省略されている。〈promise to do〉で「〜すると約束する」の意味を表すこともある。
▶ He promised to call me.
　彼は私に電話すると約束しました。

次はトレーニング！

合格直行！
Nobu's トレーニング

がんばった分だけ
しっかり身につくよ！

① 単語・表現チェック ＞＞＞＞＞＞ ▶ 36-4

英検によくでるものを集めました。先生のあとに英語を繰り返そう。

□ tasty	形 おいしい、風味のよい
□ tip	名 助言、チップ
□ grill	動 を鉄板〔焼き網〕で焼く　名 焼き網
□ share	動 (を) 共有する〈with ～と〉、を分け合う
□ recipe	名 調理法、レシピ
□ amazing	形 驚くべき、びっくりするほどの
□ ideal	形 理想的な
□ boil	動 をゆでる、を煮る
□ quite	副 とても、かなり、全く
□ simple	形 簡単な、単純な、質素な
□ follow 　□ following	動 に従う、についていく〔くる〕、に続く 形 (the ～)(その) 次の、以下の
□ promise 　□ keep *my* promise	動 (を) 約束する〈to *do* ～すること〉　名 約束 約束を守る
□ taste	動 の味がする、を味わう
□ vegetable	名 野菜

② 見ながらリピート ＞＞＞＞＞＞＞＞＞ ▶ 36-5

英文を見ながら、先生のあとに英語を言ってみよう。

Excuse me.

Excuse me.

③ 見ないでリピート ＞＞＞＞＞＞＞＞＞ ▶ 36-6

英文を見ずに、先生のあとに英語を言ってみよう。

Excuse me.

Excuse me.

④ しあげのシャドーイング ＞＞＞ ▶ 36-7

英文を見ずに、先生の声の直後を追いかけて英語を言ってみよう。

Excuse me. I want to...

Excuse me. I want to...

英文を聞き、その質問に対して最も適切なものを **1**、**2**、**3**、**4** の中から一つ選びなさい。

E06

No. 1
1 It is the largest movie theater in the United States.
2 It has the most screens of any theater in the world.
3 It is the world's oldest movie theater still being used.
4 It was the first theater in Iowa to show movies on a screen.

No. 2
1 They need to check in now.
2 They don't have time to shop.
3 Their flight leaves at 8:20 p.m.
4 Their flight leaves in two hours.

No. 3
1 They export insects.
2 They kill wood-eating insects.
3 They offer a 50% discount.
4 They offer a discount all the time.

No. 4
1 It is available up to noon.
2 It is only available to store members.
3 It is available all day long.
4 It is available only in the canned foods section.

No. 5
1 They allow discounts for all visitors on admission fees.
2 Visitors are allowed to enter the zoo before the opening time.
3 Visitors can attend today's events without paying extra fees.
4 The zoo is open from 9 a.m. to 5 p.m. on Sundays.

解答・解説

No. 1　解答　**3**

The oldest movie theater in the world still in use is the State Theater in Iowa in the United States. This theater showed its first movie in May 1897 and has continued to operate since then. This 19th-century theater has just one screen and a shop in the lobby selling tasty snacks and drinks.

Question: What is one thing we learn about the State Theater in Iowa?

今でも使われている世界最古の映画館は、アメリカ合衆国のアイオワ州にあるステイトシアターだ。この劇場は1897年5月に最初の映画を上映し、以来ずっと営業し続けている。この19世紀の劇場にはたった1つのスクリーンと、おいしい軽食と飲み物を売るロビーの売店がある。
質問：アイオワ州のステイトシアターについてわかることは何か。

1 アメリカ合衆国で最大の映画館である。
2 世界のどの劇場よりもたくさんのスクリーンがある。
3 今でも使われている世界最古の映画館である。
4 スクリーンに映画を上映したアイオワ州で最初の劇場である。

解説▶ ステイトシアターについては冒頭に、The oldest movie theater in the world still in use「今でも使われている世界最古の映画館」と説明されている。その内容に一致する**3**が正解。スクリーンは1つだけで、上映は1897年だがアイオワ州で最初とは述べられていないので、**2**、**4**は不適切。

No. 2　解答　**4**

Good evening, everyone. My name is Mary Morgan and I'm in charge of your trip. Everyone in the group has already checked in and we are ready to leave for Hawaii. Our flight leaves in two hours. You are free to shop or have a snack, but please remember to be back in time to board at 8:20 p.m.

Question: What is one thing the speaker says?

皆様、こんばんは。私の名前はメアリー・モーガンです。皆様の旅のお世話をいたします。グループの皆様のチェックインがお済みですので、ハワイに向けて出発する準備が整いました。飛行機はあと2時間で出発します。お買い物やお食事をするのは自由ですが、午後8時20分に搭乗しますので、間に合うようにお戻りください。
質問：話し手が言っている1つのことは何か。

1 今チェックインしなければならない。　**2** 買い物をする時間はない。
3 飛行機は午後8時20分に出発する。　**4** 飛行機は2時間後に出発する。

解説▶ 話し手は説明の中ほどでOur flight leaves in two hours.「飛行機はあと2時間で出発する」と言っている。したがって、この内容に一致する**4**が正解。

No. 3　解答　**2**

Are you having trouble with insects eating the wood in your house? Insects can damage and even destroy your house! General Control will get rid of them completely. Our system is quite simple. We use the latest and safest technology. And, we're offering a 25% discount on all visits. This discount is only available until the end of the month, so act now!

Question: What service does this company provide?

ご自宅の木材を食べる虫のトラブルはありませんか。虫はあなたの家にダメージを与え、破壊することさえありますよ！　ジェネラル・コントロールは虫を完全に取り除きます。当社のシステムはとてもシンプル。最も新しく最も安全なテクノロジーを使います。さらに、全出張作業を25％引きにします。この割引は今月末までですので、決断するなら今です！
質問：この会社はどんなサービスを提供するか。

1 虫を輸出する。　　**2** 木を食う虫を殺す。

3 50%割引をする。　　**4** 常に割り引く。

解説 General Control will get rid of them completely.「ジェネラル・コントロールは虫を完全に取り除きます」と言っている。害虫駆除を行う会社だと考えられる。したがって、これをシンプルに言い換えた**2**が正解。

No. 4　解答　**1**

Thank you for coming to Rainbow Mart. From now until noon, you can buy fresh farm products and locally grown vegetables at special low prices. For example, big boxes of tomatoes and cucumbers are available for five dollars each. Milk and cheese are available at 50% off regular prices. You can find a number of these items in the special discount section.

Question: What is one thing we learn about the special sale?

レインボーマートにようこそ。今から正午まで、新鮮な農産物と地元栽培の野菜を特別低価格でお買い求めいただけます。例えば、トマトとキュウリの大箱がそれぞれ5ドルです。牛乳とチーズは通常価格の半額で提供します。特別ディスカウント売り場で、これらの品物がたくさん見つかりますよ。

質問：スペシャルセールについてわかることの1つは何か。

1 正午までやっている。　　**2** 店のメンバーだけが利用できる。

3 1日中やっている。　　**4** 缶詰セクションでだけやっている。

解説 セールの案内の最初にFrom now until noon, ～ というフレーズがある。「今から正午まで…」ということなので、これに一致する**1**が正解。

No. 5　解答　**3**

Welcome to Central Zoo. The zoo opens at 9 a.m. If you have a special pass for people over 60 years old, please have it out and ready to show us. Today is Sunday, so you can enjoy our "Safari Park Tour" starting at 11 a.m. and the "Penguin Show" at 1 p.m. Admission fees for both events are included in the entrance fee. We will be closing at 4 p.m. today.

Question: What is one thing we learn about Central Zoo?

セントラル動物園にようこそ。動物園は午前9時開園です。60歳以上のお客様向けの特別パスをお持ちでしたら、取り出して、係員が見えるようにご用意ください。今日は日曜日ですので、午前11時からの「サファリパークツアー」と午後1時からの「ペンギンショー」をお楽しみいただけます。どちらのイベントの入場料も入園料に含まれています。本日の閉園時間は午後4時です。

質問：セントラル動物園についてわかることの1つは何か。

1 全ての客の入場料が割引になる。

2 客は開園時間より前に動物園に入ることができる。

3 客は追加料金を払わずに今日のイベントに参加できる。

4 動物園は日曜日は午前9時から午後5時まで開いている。

解説 終盤でAdmission fees for both events are included in the entrance fee.「両方のイベントの入場料は入園料に含まれている」と言っているので、この内容を言い換えた**3**が正解。閉園時間は午後4時なので、**4**は誤り。

レッスンに登場していない重要単熟語です。
音声のあとに英語を繰り返しましょう。

● 自然・環境

📱 M08

□ rise	動(太陽などが)昇る、(価格・温度などが)上がる	□ insect	名虫、昆虫
□ desert	名砂漠、荒れ野	□ butterfly	名チョウ
□ coast	名海岸、沿岸	□ pigeon	名ハト(≒ dove)
□ rock	名岩	□ spider	名クモ
□ soil	名土壌	□ mosquito	名蚊
□ horizon	名(the ～)地平線、水平線	□ bacteria	名バクテリア、細菌(類)
□ view	名眺め、見方、(しばしば ～s)意見	□ blossom	名(果樹などの)花
□ scene	名場面、眺め、景色	□ root	名根、(～s)(人・事物の)ルーツ
□ space	名宇宙、余地	□ wheat	名小麦
□ climate	名気候	□ harvest	名(作物の)収穫
□ sunlight	名日光	□ wild	形野生の、荒れ果てた、乱暴な
□ sunrise	名日の出(⇔ sunset)	□ ancient	形古代の、古来の
□ earthquake	名地震	□ global	形地球全体の、球形の
□ disaster	名災害、不幸	□ arctic	形北極の(⇔ antarctic)
□ cattle	名(集合的に)牛、畜牛	□ come out	(太陽・月などが)出る、(花が)咲く

レッサーパンダ

赤茶色の毛皮に包まれた、かわいらしい red panda「レッサーパンダ」の生態に迫ります。

つきっきり英文解説 >>> 🔊 37-1 〜37-3

モデル音声と解説を聞いて、英文の内容を確認しよう。
大事なところはメモを取ろう。

The red panda is a cat-sized animal **related to** the giant panda. It lives in forests high up in the mountains. Its body is **covered** in **thick** fur, which helps it **survive** the cold winters. They **communicate** with **each other** with short whistle-like sounds.

The red panda **mostly** eats **plants**. Their **main** food is bamboo. **However**, many forests are now being cut down, and red pandas are **losing** their food and homes. As a **result**, the number of red pandas is **rapidly decreasing**.

英文の訳

　レッサーパンダはジャイアントパンダとつながりのある、ネコの大きさの動物です。高山の森に住んでいます。体は厚い毛皮に覆われていて、その毛皮はレッサーパンダが寒い冬を生き抜くのを助けます。彼らは短い口笛のような音でおたがいに意思を伝え合います。

　レッサーパンダは主として植物を食べます。彼らの主食は竹です。しかしながら、今多くの森林が伐採され、レッサーパンダは食料とすみかを失っています。結果として、レッサーパンダの数は急速に減少しています。

文法と表現

Its body is covered in thick fur, which 〜
〈関係代名詞の非制限用法〉
コンマを入れて関係代名詞を続けることで補足説明を加える言い方。ここでは fur「毛皮」がどのようにレッサーパンダを助けているかを説明している。

many forest are now being cut down
〈進行形の受け身〉
進行形の受け身は being を使って〈主語 + be 動詞 + being ＋過去分詞〉で表す。「〜されている」の意味。

次はトレーニング！

元気に言ってみよう！
Don't be shy!

合格直行！
Nobu's トレーニング

① 単語・表現チェック >>>>>>> 📱 37-4

英検によくでるものを集めました。先生のあとに英語を繰り返そう。

☐ (be) related to 〜	〜に関係がある
☐ relation	图（〜s）関係〈between 〜の間の、with 〜との〉、結びつき
☐ relative	图 親せき、身内
☐ cover	動 を覆う〈in, with 〜で〉
☐ thick	形 厚い、太い
☐ thin	形 薄い、細い、やせた
☐ survive	動（を）生き残る
☐ communicate	動 意思を通じ合う〈with 〜と〉、を伝達する〈to 〜に〉
☐ communication	图 コミュニケーション、伝達
☐ main	形 主な
☐ mainly	副 主に
☐ result	图 結果、（通例 〜s）成果 ● as a result で「結果として」という意味。
☐ rapidly	副 急速に、速く
☐ rapid	形 急速な、（動きが）速い
☐ decrease	動 減少する、を減少させる
☐ increase	動 増加する、を増やす

☑

② 見ながらリピート >>>>>>>>> 📱 37-5

英文を見ながら、先生のあとに英語を言ってみよう。

Excuse me.
Excuse me.

☑

③ 見ないでリピート >>>>>>>>> 📱 37-6

英文を見ずに、先生のあとに英語を言ってみよう。

Excuse me.
Excuse me.

☑

④ しあげのシャドーイング >>> 📱 37-7

英文を見ずに、先生の声の直後を追いかけて英語を言ってみよう。

Excuse me. I want to...
Excuse me. I want to...

☑

トマトの歴史

トマトはかつて、人体に有害と思われていたことがあったそうです。

つきっきり英文解説 >>> 📱 38-1 〜38-3

モデル音声と解説を聞いて、英文の内容を確認しよう。
大事なところはメモを取ろう。

Tomatoes were **introduced** to Europe in the early 1600s. **Interestingly**, **until** the 1800s, many people thought that tomatoes were **harmful** to the body. **Therefore**, they used tomatoes **mainly** as **decoration**. But today, tomatoes are known as a **healthy** fruit and is eaten **widely** around the world. **Health experts** say that tomatoes can **greatly reduce** the **risk** of heart **disease**. In America, people eat more tomatoes than any **other** fruit or **vegetable**, **except** potatoes.

英文の訳

　トマトは 1600 年代の初めにヨーロッパに紹介されました。興味深いことに、1800 年代まで、多くの人はトマトは人体に有害だと考えていました。それゆえに、彼らはトマトを主に観賞用として使用していました。しかし今日、トマトは健康的な果物として知られ、広く世界中で食べられています。健康の専門家は、トマトは心臓病の危険性を大いに下げると言っています。アメリカでは、ジャガイモを除けば、人々はほかのどの果物や野菜よりもトマトをたくさん食べます。

文法と表現

more tomatoes than any other ～
〈比較の慣用表現〉
〈比較級 + than any other ～〉は「ほかのどの～よりも…」の意味。any other のあとの名詞はふつう単数形を使うことに注意。

次はトレーニング！

合格直行！
Nobu's トレーニング

一緒に声に出して
マスターしよう！

① 単語・表現チェック >>>>>>> 📱 38-4

英検によくでるものを集めました。先生のあとに英語を繰り返そう。

☐ **interestingly**	副 興味深いことに、興味深く
☐ **harmful**	形 有害な
☐ **harmless**	形 無害な
☐ **harm**	動 を損なう、を傷つける
☐ **do *A* harm**	A に害を及ぼす
☐ **therefore**	副 それゆえに
☐ **healthy**	形 健康な
☐ **widely**	副 広く、広範囲に
☐ **health**	名 健康（なこと）、健康状態
☐ **expert**	名 専門家
☐ **greatly**	副 大いに、非常に
☐ **reduce**	動 を減らす、減る
☐ **risk**	名 危険性
☐ **disease**	名 病気
☐ **except**	前 ～を除いては、～のほかは

② 見ながらリピート >>>>>>>>> 📱 38-5

英文を見ながら、先生のあとに英語を言ってみよう。

Excuse me.
Excuse me.

③ 見ないでリピート >>>>>>>>> 📱 38-6

英文を見ずに、先生のあとに英語を言ってみよう。

Excuse me.
Excuse me.

④ しあげのシャドーイング >>> 📱 38-7

英文を見ずに、先生の声の直後を追いかけて英語を言ってみよう。

Excuse me. I want to...
Excuse me. I want to...

135

次の英文を読み、その文意にそって *(1)* から *(3)* までの（　　　　）に入れるのに最も適切なものを **1**、**2**、**3**、**4**の中から一つ選びなさい。

Happy Dogs

Dogs have been living with human and doing various types of jobs for thousands of years. However, the number of working dogs is decreasing these days. Terriers were used to kill small animals such as mice. Today, most terriers are pets. The Chihuahua was originally a bed warmer in Mexico. Now that modern heating equipment is widely available in Mexico, the Chihuahua is generally a pet. Dogs don't have to worry about (*1*) any more. As a result, there are so many happy dogs around the world.

Today's happy dogs are quite stylish. Dog food is not what it used to be, either. There are even dog cookies and bakeries. It is also becoming more and more popular these days for owners to celebrate events with their dogs. This means that the environments dogs live in (*2*). In the UK, many dog owners give their dogs Christmas presents. In the US and Canada, owners like to share the big Thanksgiving meal with their dogs.

Dog daycare businesses have increased rapidly. These days there are expert dog walkers. An expert dog walker comes into the owner's apartment or house and takes the dog for a walk once or twice a day. An expert walker has (*3*) the dog. However, from the outside, if someone look at a scene where the walker must bend down and pick up what the dog leaves on the ground, they may think the dog seems like the manager. The life of dogs today just gets easier and easier.

(1)
1　how they survive
2　what they work for
3　what human want
4　how human kill animals

(2)
1　has gotten worse
2　has greatly improved
3　has not changed
4　has been destroyed

(3)
1　the skills to manage
2　enough technology to raise
3　no right to walk
4　no ability to control

解答・解説

幸せな犬

　犬は何千年もの間ずっと人間といっしょに暮らし、さまざまな仕事をしてきた。しかし、最近、働く犬の数は減ってきている。テリアはネズミなどの小動物を殺すために使われた。今日こんにち、ほとんどのテリアはペットである。チワワはもともとメキシコでは寝床を暖める存在だった。メキシコでは今や近代的な暖房機器が幅広くあるため、チワワはふつう、ペットである。犬は、もはやどのようにして生き残るかについて心配する必要はない。その結果、世界中に幸せな犬がたくさんいる。

　今日の幸せな犬は非常に洗練されている。ドッグフードも以前のものとは違う。犬用のクッキーやパン屋さえある。また、近頃は飼い主が犬といっしょにイベントを祝うこともますます人気になっている。これは、犬が暮らす環境が大幅に進歩したことを意味する。イギリスでは、多くの犬の飼い主が犬にクリスマスプレゼントを贈る。アメリカとカナダでは、飼い主は犬といっしょに感謝祭の豪勢な食事を分け合うことを楽しむ。

　犬のお世話をする事業が急速に増加した。最近では、犬の散歩の専門家がいる。犬散歩の専門家が飼い主のアパートまたは家に来て、1日に1〜2回犬を散歩に連れて行く。犬散歩の専門家は犬を管理する技術を持っている。しかし、端から見ると、その専門家がかがんで犬が地面に残したもの（フン）を拾わなければならない場面を見たら、犬のほうが管理者に見えると思うかもしれない。今日の犬はますます生活が楽になっている。

(1)　解答　**1**

1 どのようにして生き残るか　　　　**2** 何のために働くか
3 人間は何がほしいか　　　　　　　**4** 人間はどのようにして動物を殺すか

解説 not have to 〜 any more は「もはや〜しなくてもよい」という意味で、以前と今を比較している部分である。犬は、昔からさまざまな仕事をしてきたが今はそうではない、という流れにするには、**1**を入れて「どのようにして生き残るかについて心配する必要はない」とするのが適切。

(2)　解答　**2**

1 悪化した　　　　　**2** 大幅に進歩した　　　**3** 変わっていない　　　**4** 破壊された

解説 文頭のThisはそれより前の内容を受ける。第2段落第1文の「今日の幸せな犬は非常に洗練されている」のあと、その具体例が続く。「ドッグフードが進化して犬用のクッキーやパン屋さえある」や、「飼い主が犬といっしょにイベントを祝う」という状況はつまり、犬が暮らす環境が「大幅に進歩した」と考えられる。よって、**2**が正解。

(3)　解答　**1**

1 管理する技術（がある）　　　　　**2** 育てる十分な技術（がある）
3 散歩させる権利（がない）　　　　**4** 制御する能力（がない）

解説 主語の An expert「専門家」はその前の内容から、犬の散歩を専門としている人のことで、その性質を考えると、**1**を入れて「犬を管理する技術を持っている」とするのが適切。この**1**の manage は「〜を管理する」という意味の動詞で、続く文の manager「管理する人」につながる。

ティーンエイジャーの睡眠時間

ティーンエイジャーの睡眠時間はどんどん減少しているそうです。

つきっきり英文解説 >>> 📱 39-1 〜39-3

モデル音声と解説を聞いて、英文の内容を確認しよう。
大事なところはメモを取ろう。

Compared to the early 1990s, teenagers in America are getting less and less sleep. **Researchers** don't know the **exact reason** for this. But they believe that the **increased** use of social media, smartphones, and **other electronics** could be **possible causes**. Some have **suggested** that earlier starting times at schools play a **role** too. A **lack** of sleep can **result** in feeling tired and **stressed**. It can also **lead to** learning **difficulties**. They say that teenagers must be taught more about the **importance** of sleep.

英文の訳

　1990年代の初めと比較して、アメリカのティーンエイジャーの睡眠時間はますます少なくなっています。研究者たちはこの正確な理由を知りません。しかし彼らは、ソーシャルメディア、スマートフォンやその他の電子機器の使用が増えていることが、ありうる原因かもしれないと考えています。学校の始業時間が早まっていることが一役買っていると指摘する人もいます。睡眠不足は、結果として疲れやストレスといった感覚をもたらす可能性があります。また、学習困難に発展する可能性もあります。研究者たちは、ティーンエイジャーは睡眠の重要性についてもっと教えられなければならないと言っています。

文法と表現

Compared to 〜,〈分詞構文〉
文の前に〈Compared to 〜,〉を置くと、「〜と比べると、」の意味で、文の主語との比較対象を表す。過去分詞 compared が使われることに注意。

teenagers must be taught 〜〈助動詞の受け身〉
助動詞を使った現在の受け身の文は、〈助動詞 + be ＋過去分詞 〜〉の形になる。

次はトレーニング！

合格直行！
Nobu's トレーニング

がんばった分だけ
しっかり身につくよ！

① 単語・表現チェック >>>>>>> ▶ 39-4

英検によくでるものを集めました。先生のあとに英語を繰り返そう。

☐ compare	動 を比較する〈to[with] 〜と〉
☐ exact	形 正確な
☐ exactly	副 正確に、まさに
☐ reason	名 理由、理性
☐ reasonable	形 手ごろな、道理をわきまえた
☐ cause	名 原因　動 を引き起こす
☐ suggest	動 を示唆する、を提案する
☐ suggestion	名 提案、暗示
☐ role	名 役、役割
☐ lack	名 欠如　動 (に) 欠けている、がない
☐ stress	動 (受身形で) ストレスがたまっている　名 ストレス
☐ stressful	形 ストレスの原因となる、緊張を強いる
☐ lead to 〜	〜に発展する、〜に至る
☐ lead	動 を導く〈to 〜に〉、(必然的に) 発展する〈to 〜に〉 ★lead-led-led
☐ difficulty	名 困難〈(in) doing 〜することの〉
☐ importance	名 重要性

☑

② 見ながらリピート >>>>>>>>> ▶ 39-5

英文を見ながら、先生のあとに英語を言ってみよう。

Excuse me.
Excuse me.

☑

③ 見ないでリピート >>>>>>>>> ▶ 39-6

英文を見ずに、先生のあとに英語を言ってみよう。

Excuse me.
Excuse me.

☑

④ しあげのシャドーイング >>> ▶ 39-7

英文を見ずに、先生の声の直後を追いかけて英語を言ってみよう。

Excuse me. I want to...
Excuse me. I want to...

☑

ヤノマミ族の生活習慣

南アメリカの先住民族であるヤノマミ族は、独特の生活習慣をもっています。

つきっきり英文解説 >>> 40-1 〜40-3

モデル音声と解説を聞いて、英文の内容を確認しよう。
大事なところはメモを取ろう。

In South America, there is a group of people known as the Yanomami. They live in large huts in the forest. The women grow **crops** and **gather** nuts for food, **while** the men go **hunting**.

The Yanomami believe **strongly** in **equality** and **sharing**. For example, **male** hunters never eat the meat they have caught. **Instead**, they give it to friends and family. **In return**, they will be given meat by **another** hunter. This **unique custom** helps to **build** a **spirit** of **community**.

英文の訳

　南アメリカには、ヤノマミ族として知られる人々がいます。彼らは森の中で大きな小屋に住んでいます。女性たちは食べるために作物の栽培と木の実の採集を行い、一方で男性は狩りに行きます。
　ヤノマミ族は平等と共有を強く信条としています。例えば、男性の猟師は自分たちの獲物の肉は絶対に食べません。そのかわりに、彼らはそれを友人や家族に与えます。その見返りに、彼らは別の猟師から肉を与えられるでしょう。この独特な慣習は、共同体の精神を形作るのを助けています。

文法と表現

they will be given meat by another hunter.
〈SVOO の受け身〉
過去分詞 given のすぐあとに、「〜を」にあたる目的語（meat）がくることに注意。Another hunter will give them meat. の受け身の文と考える。

次はトレーニング！

合格直行！
Nobu's トレーニング

元気に言ってみよう！
Don't be shy!

① 単語・表現チェック >>>>>>> ▶ 40-4

英検によくでるものを集めました。先生のあとに英語を繰り返そう。

□ crop	名 作物、収穫高
□ gather	動 集まる、を集める
□ while	接 …の一方で、…ではあるが、…している間に
□ hunt	動 狩りをする、を狩る、探し求める〈for 〜を〉
□ strongly	副 強く、激しく
□ equality	名 平等
□ male □ female	形 男性の、雄の 形 女性の、雌の
□ instead □ instead of 〜	副 そのかわりに 〜のかわりに
□ in return □ return	お返しに 動 帰る、戻る〈to 〜に〉、を返す
□ custom	名 （社会的な）慣習、（個人の）習慣
□ build	動 を築き上げる、を建てる
□ spirit	名 精神、（通例 〜s）気分、霊

☑

② 見ながらリピート >>>>>>>>> ▶ 40-5

英文を見ながら、先生のあとに英語を言ってみよう。

☑

③ 見ないでリピート >>>>>>>>> ▶ 40-6

英文を見ずに、先生のあとに英語を言ってみよう。

☑

④ しあげのシャドーイング >>> ▶ 40-7

英文を見ずに、先生の声の直後を追いかけて英語を言ってみよう。

☑

次の英文の内容に関して、(1) から (4) までの質問に対して最も適切なもの、または文を完成させるのに最も適切なものを 1、2、3、4 の中から一つ選びなさい。

The Discovery of X-Rays

One of the most important discoveries in the history of medicine is the X-ray. X-rays were actually discovered by accident in 1895, by a German physicist* named Wilhelm Roentgen. He was performing experiments using a device called a cathode ray tube.* During the experiment, he noticed that a green light escaped the device and left shadows on solid objects. Dr. Roentgen did not know what this light was, so he named it "X."

Dr. Roentgen found that X-rays could also pass through human tissue, leaving the bones visible. He soon realized the importance of his discovery and its potential use in the field of medicine. News of Dr. Roentgen's X-rays spread quickly all over the world. Within a year, X-rays were playing an important role in locating broken bones and identifying diseases. Compared to existing methods, X-rays were a quick way for doctors to find the cause of a disease.

Use of X-ray technology increased year by year. In the 1930s and 1940s, X-ray machines could even be found in shoe shops. Staff offered customers free X-rays so that they could observe the bones in their feet. However, scientists started to notice that continued use of X-rays on people resulted in health problems. Research suggested that too many X-rays could lead to diseases such as heart disease and cancer.

These days, we have a better understanding of the risks of X-rays. Doctors and dentists still use X-rays on their patients when necessary but take care to reduce risk by limiting the time they and their patients are exposed. X-rays have been a valuable tool in medicine for over a hundred years and the discovery of X-rays led to the invention of other important medical technology. In fact, Dr. Roentgen's discovery was so important that he received the Nobel Prize in Physics* in 1901.

* physicist: 物理学者
* cathode ray tube: 陰極線管（ブラウン管）
* Nobel Prize in Physics: ノーベル物理学賞

(1)   What did Dr. Wilhelm Roentgen do in 1895?

    1 He invented an X-ray machine for looking inside objects.

    2 He became the first person to notice the existence of X-rays.

    3 He designed a piece of equipment called a "cathode ray tube."

    4 He had a dangerous accident while performing an experiment.

(2)   What did Dr. Roentgen realize about his discovery?

    1 X-rays could cure many diseases in humans.

    2 The use of X-rays would spread all over the world.

    3 Damage may be caused to human tissue by using X-rays.

    4 X-rays could be useful to medical workers.

(3)   Regular use of X-rays on humans may

    1 allow people to know the size of their feet when buying shoes.

    2 be useful for shoe shop staff as a cheap way to help customers.

    3 cause health problems such as cancer and heart disease.

    4 help scientists to find a cure for cancer or diseases involving the heart.

(4)   How do medical workers protect patients against X-rays?

    1 They use X-rays for as short a time as possible.

    2 They increase their exposure time to X-rays.

    3 They use more important technology in hospitals.

    4 They use more modern tools and equipment.

解答・解説

X線の発見

　医学の歴史の中で最も重要な発見の1つがX線である。X線は実は1895年にヴィルヘルム・レントゲンという名のドイツの物理学者によって偶然発見された。彼は陰極線管（ブラウン管）と呼ばれる装置を使って実験を行っていた。実験中、彼はその装置から緑色の光が出て固体に影が残ることに気づいた。レントゲン博士はこの光が何なのかわからなかったので、それを「X」と名づけた。

　レントゲン博士はX線が人間の組織を透過して骨が見えることを発見した。彼はすぐに自分の発見の重要性と医学の分野での利用の可能性に気づいた。レントゲン博士のX線のニュースは、すぐに世界中に広まった。1年も経たないうちに、X線は骨折した骨の位置を突き止めたり、病気を特定したりする上で重要な役割を果たすようになっていた。既存の方法に比べて、X線は医師が病気の原因を見つける手っ取り早い方法になった。

　X線技術の使用は年々増えていった。1930年代から1940年代にかけては、X線撮影機は靴屋にさえあった。店員が客の足の骨を観察できるよう、客に無料のX線撮影を提供した。しかし、科学者たちは、人にX線を使い続けると健康上の問題が生じることに気づき始めた。研究では、X線を使い過ぎると、心臓病やがんなどの病気につながる可能性があることが示唆された。

　最近では、私たちはX線のリスクについてよりよく理解している。医師や歯科医師は今でも必要に応じて患者にX線を使用するが、自分や患者がX線にさらされる時間を制限することでリスクを減らすように配慮している。X線は100年以上もの間ずっと医学における貴重な道具であり、X線の発見はほかの重要な医療技術の発明につながった。実際、レントゲン博士の発見はとても重要だったため、彼は1901年にノーベル物理学賞を受賞した。

(1) 解答 **2**

ヴィルヘルム・レントゲン博士は1895年に何をしたか。

1 彼は物体の内部を見るためのX線装置を発明した。

2 彼はX線の存在に気づいた最初の人物になった。

3 彼は「陰極線管」と呼ばれる装置を設計した。

4 彼は実験を行っている間に危険な事故に遭った。

解説 第1段落からの出題。質問文の1895に焦点を絞って読み進めると、第2文にX-rays were actually discovered by accident in 1895, by a German physicist* named Wilhelm Roentgen. とある。「ヴィルヘルム・レントゲンによって発見された」を「存在に気付いた最初の人物」と言い換えた**2**が正解。

(2) 解答 **4**

レントゲン博士は自分の発見について何に気づいたか。

1 X線は人間の多くの病気を治すことができる。

2 X線の使用は世界中に広がるだろう。

3 X線を使用すると人体の組織に損傷を与えるかもしれない。

4 X線は医療従事者に役立つ可能性がある。

解説 第2段落からの出題。レントゲン博士が自分の発見（discovery）で気づいたことは、第2文の He soon realized the importance of his discovery and its potential use in the field of medicine. にある。「医学の分野での利用の可能性」を「医療従事者に役立つ可能性」と表した**4**が正解。

(3) 解答 **3**

人間にX線を定期的に使用して起こり得ることは、

1 人々が靴を購入するときに、足のサイズがわかる。

2 客の役に立つ安価な方法として靴屋の従業員の役に立つ。

3 がんや心臓病などの健康上の問題を引き起こす。

4 科学者が、がんや心臓に関連する疾患の治療法を見つけるのに役立つ。

解説 第3段落ではX線の発展を説明したあと、However, 〜 からX線の問題点が述べられる。X線の定期的な使用は健康上の問題を引き起こし、具体的には心臓病やがんが挙げられていることから、**3**が正解。設問のRegular use of X-raysは本文のcontinued use of X-raysやtoo many X-raysの言い換えである。また、本文のresult in、lead to、**3**のcauseが同じ意味を表すことも押さえておきたい。

(4) 解答 **1**

医療従事者はどのようにして患者をX線から守るか。

1 できるだけ短時間でX線を使用する。　　**2** X線にさらされている時間を増やす。

3 病院でより重要な技術を使用する。　　**4** より近代的な道具と設備を使用する。

解説 第3段落で述べられたX線のリスクについて、第4段落ではその対応策が述べられる。第2文から、医師や歯科医師（＝医療従事者）は自分や患者がX線にさらされる時間を制限することでX線のリスクを減らそうとしていることがわかる。これを「できるだけ短時間でX線を使用する」と表した**1**が正解。

レッスンに登場していない重要単熟語です。
音声のあとに英語を繰り返しましょう。

● 準2級によくでる熟語（動詞との組み合わせ1）

📱M09

□ believe in 〜	〜の存在を信じる	□ go against 〜	〜に反する、〜に従わない
□ break down	故障する	□ go through 〜	（苦難など）を経験する
□ bring about 〜	〜をもたらす、〜を引き起こす	□ go wrong	（物事が）うまくいかない、（機械などが）故障する
□ call out	大声で呼びかける	□ had better *do*	〜したほうがよい
□ can't help *doing*	〜せざるを得ない（≒ can't help but *do*）	□ have *A* in common with *B*	B と共通して A を持つ
□ carry out 〜	〜を実行する	□ hear from 〜	〜から便りをもらう（⇔ write to 〜）
□ catch up with 〜	〜に追いつく	□ help *A do*	A が〜するのを助ける
□ check out	チェックアウトする（⇔ check in）	□ keep *A* in mind	A を心に留める
□ come across 〜	〜をふと見つける、〜に偶然出会う	□ keep *doing*	〜し続ける
□ dress up	正装する	□ keep up with 〜	〜に（遅れないで）ついていく
□ fall asleep	寝入る	□ leave *A* behind	A を置いていく
□ fill up 〜	〜を満たす、〜をいっぱいにする	□ make fun of 〜	〜をからかう
□ get *A* back from *B*	B から A を取り戻す	□ make *my* bed	ベッド［寝床］を整える
□ get *A* to *do*	A に〜してもらう（≒ have *A do*）	□ make noise	音を立てる、騒ぎ立てる
□ get along with 〜	〜とうまくやっていく	□ make up *my* mind to *do*	〜しようと決心する
□ get married	結婚する	□ name *A* after *B*	B にちなんで A を名づける
□ give up 〜	〜をあきらめる	□ pay for 〜	〜の費用を払う

● 準2級によくでる熟語（動詞との組み合わせ2）

 M10

□ play an important role in ～	～で重要な役割を果たす
□ point out ～	～を指摘する
□ prefer *A* to *B*	*B* より *A* を好む（≒ like *A* better than *B*）
□ provide *A* with *B*	*A* に *B* を供給する（≒ provide *B* for *A*）
□ put *A* away	*A* を片づける
□ put *A* in order	*A* を整理する
□ put on ～	～を着用する（⇔ take off ～）
□ put out ～	（明かり・火）を消す
□ rely on ～	～を信頼する、～を頼る
□ run over ～	（車が）～をひく
□ search *A* for *B*	*B* を求めて *A*（場所）を探す
□ see if ...	…かどうか確かめる
□ show up	現れる（≒ appear）
□ sound like ～	～のようだ、～のように聞こえる
□ spend *A* *doing*	*A*（時間）を～して過ごす
□ stand by ～	～を支援する（≒ support）
□ stay in bed	寝ている
□ stay up late	夜更かしをする
□ take *A* back to *B*	*B* へ *A* を返品する
□ take a seat	座る
□ take after ～	～に似ている（≒ resemble）
□ take off ～	（身につけていた物）を脱ぐ、取る（⇔ put on ～）
□ take place	行われる、起こる
□ tell a lie	うそをつく
□ throw away ～	～を捨てる
□ to begin with	まず第一に（≒ in the first place）
□ try *my* best	全力を尽くす（≒ do *my* best）
□ turn down ～	～を断る（≒ refuse, reject）
□ turn out to be ～	～であることがわかる（≒ prove to be ～）
□ wait for ～	～を待つ
□ without fail	必ず、間違いなく

レッスンに登場していない重要単熟語です。
音声のあとに英語を繰り返しましょう。

● 準2級によくでる熟語（そのほか1） ▶M11

□ according to ～	～によれば	□ be made up of ～	～から成る（≒ be composed of ～, consist of ～）
□ along with ～	～といっしょに	□ be proud of ～	～を誇りに思う
□ as a result of ～	～の結果として	□ be ready for ～	～の用意ができている
□ as if ...	まるで…のように	□ be responsible for ～	～に対して責任がある
□ as usual	いつものように	□ be said to be ～	～であると言われている
□ at least	少なくとも（⇔ at most）	□ be satisfied with ～	～に満足している
□ at the sight of ～	～を見て	□ be similar to ～	～と似ている
□ be against ～	～に反対である（⇔ be for ～）	□ be tired of ～	～に飽きる
□ be away	留守にする	□ be used to *doing*	～するのに慣れている
□ be bad at ～	～が下手である	□ by the end of ～	～の終わりまでには
□ be based on ～	～に基づいている	□ enough to *do*	～するのに十分な
□ be crowded with ～	～で混雑している	□ even if ...	たとえ…でも
□ be dependent on ～	～に依存している（⇔ be independent of ～）	□ for a while	しばらく（の間）
□ be far from ～	決して～ではない（≒ be by no means ～）	□ for instance	例えば（≒ for example）
□ be independent of ～	～から独立している（⇔ be dependent on ～）	□ for the first time	初めて
□ be likely to *do*	～しそうである	□ here and there	あちらこちらに［で］

M12

□ in addition to 〜	〜に加えて	□ so 〜 that ...	とても〜なので…
□ in advance	あらかじめ（≒ ahead, beforehand）	□ so that A can do	Aが〜できるように［〜するように］
□ in spite of 〜	〜にもかかわらず（≒ despite）	□ something is wrong with 〜	〜はどこか調子が悪い
□ in the long run	長い目で見れば、結局は（⇔ in the short run）	□ sooner or later	遅かれ早かれ
□ in the past	これまでに、昔は（⇔ in the future）	□ That's why ...	そんなわけで…。
□ little by little	少しずつ（≒ gradually）	□ the first time ...	初めて…する［した］とき
□ more 〜 than I had expected	私が思っていたよりも〜だ	□ the instant ...	…するとすぐに（≒ as soon as ...）
□ neither A nor B	AでもBでもない、AもBも〜でない	□ the way ...	…のやり方
□ next to 〜	〜の隣に	□ There is no doubt ...	…は間違いない。
□ no longer 〜	もはや〜でない	□ these days	この頃
□ not only A but B	AばかりでなくBもまた（≒ B as well as A）	□ This is because ...	これは…だからである。
□ on board 〜	〜に乗って	□ together with 〜	〜に加えて、〜といっしょに
□ on purpose	わざと（⇔ by accident, by chance）	□ too 〜 to do	…するには〜過ぎる
□ on time	時間通りに	□ would like A to do	Aに〜してもらいたい
□ right away	直ちに（≒ at once）		

つきっきりレッスン
英作文・面接対策編
レッスン41〜44

ここからは、筆記試験のライティング（英作文）と、
二次試験の面接についてのレッスンです。
苦手や不安に思っている人も
多い問題だと思いますが、
ポイントをおさえれば大丈夫ですよ！

英作文の書き方

筆記試験の最後は英作文問題。例題に目を通してから、解説音声を聞きましょう。

例題

ライティング
● あなたは、外国人の知り合いから以下の QUESTION をされました。
● QUESTION について、あなたの意見とその理由を2つ英文で書きなさい。
● 語数の目安は50語～60語です。
● 解答が QUESTION に対応していないと判断された場合は、0点と採点されることがあります。QUESTION をよく読んでから答えてください。

QUESTION
Do you think students should do volunteer work?

質問の訳
生徒はボランティア活動をするべきだと思いますか。

合格直行！
Nobu's チェックシート

 41-1

英作文を書くときは、次の3つの質問を自分自身に問いかけましょう。
誰が読んでもわかりやすいように、読み手に寄りそう気持ちを大事にしてくださいね。

①	内容チェック	**質問にズバリ答えていますか？** ▶考えをはっきりと伝え、その理由や説明を示していればクリア！	☑
②	構成チェック	**わかりやすい構成になっていますか？** ▶〈意見→理由→まとめ〉で構成し、合図となる表現を使っていればクリア！	☑
③	語い・文法チェック	**自信のある語い・文法を使えていますか？** ▶語い・文法を正しく使って、読みやすく書けていればクリア！	☑

I think students should do volunteer work. First, students can learn new things through volunteer work. For example, I helped at a recycling event and learned about protecting the environment. Next, students can meet new people. I met some neighbors at the recycling event and we became good friends. Therefore, I think it is good for students to do volunteer work.

❶ はじめにズバリ「ボランティア活動をするべき」と主張している。QUESTION からほぼそのまま引用する形で文を書いて OK。

❷ First「第一に」を使って、わかりやすく 1 つ目の理由を示している。

❸ For example「例えば」を使って具体例を挙げている。前の文の can learn new things をわかりやすく説明している。

❹ Next「次に」を使って、2 つ目の理由を示している。Next の代わりに、Second「第二に」を使ってもよい。

❺ 前の文の can meet new people をくわしく説明している。

❻ Therefore「したがって」とあるので、まとめの文だとわかりやすい。Therefore の ほ か に、For these reasons「これらの理由により」も使える。最後は、このように冒頭で述べた主張を繰り返すが、少しだけ表現を言い換えて書けるとよりよい。

解答例の訳

生徒はボランティア活動をするべきだと、私は思います。第一に、生徒はボランティア活動を通じて、新しいことを学ぶことができます。たとえば、私はリサイクルイベントで手伝いをして、環境を保護することについて学びました。次に、生徒は新しい人々と会えます。リサイクルイベントで、私は近所の人に出会い、よい友達になりました。したがって、ボランティア活動をすることは生徒にとってよいことだと、私は思います。

英作文で役立つ表現

意見を表す	I think ....「私は…だと思います」/ I do not think ....「私は…ではないと思います」/ I believe ....「私は…だと思います」/ We must ....「私たちは…しなければなりません」/ In my opinion, ...「私の意見では、…」/ People should ....「人々は…すべきです」
理由をあげる	First, ...「第一に、…」/ Second, ...「第二に、…」/ Next, ...「次に、…」/ One reason is ....「1 つの理由は…」/ What's more, ...「そのうえ、…」
具体例をあげる	for example「たとえば」/ for instance「たとえば」/ such as ～「～のような」
まとめる	Therefore, ...「ですから、…」/ For these reasons, ...「これらの理由により、…」/ As a result, ...「結果として、…」

指示文を読んで、英文を書いてみましょう。

ライティング

●あなたは、外国人の知り合いから以下の QUESTION をされました。

●QUESTION について、あなたの意見とその理由を2つ英文で書きなさい。

●語数の目安は50語〜60語です。

●解答が QUESTION に対応していないと判断された場合は、0点と採点されることがあります。
QUESTION をよく読んでから答えてください。

QUESTION

Do you think using an electronic dictionary is a good thing for students?

解答・解説

電子辞書を使うのは生徒にとってよいことだと思いますか。

解答例

I think using an electronic dictionary is a good thing for students. First, an electronic dictionary can pronounce the word, so students can learn the meaning and the pronunciation of a word at the same time. Next, electronic dictionaries are not heavy, so students can take them everywhere. Therefore, using an electronic dictionary is a good thing for them.

解答例の訳
電子辞書を使うのは生徒にとってよいことだと、私は思います。第一に、電子辞書は単語を発音できるので、生徒は単語の意味と発音を同時に学べます。次に、電子辞書は重くないので、生徒はそれらをどこにでも持って行けます。したがって、電子辞書を使うのは彼らにとってよいことです。

解説 QUESTION は「電子辞書を使うのは生徒にとってよいことだと思うか」をたずねている。解答例では、まず1文目でI think ... とQUESTIONを引用して明確に意見を示している。次にFirst、Nextを使って、理由を2つ述べている。1つ目の理由は「電子辞書は単語を発音できるので、生徒は単語の意味と発音を同時に学べる」である。2つ目の理由は、Nextに続いている「電子辞書は重くない」ことで、3文目の後半では「生徒は電子辞書をどこにでも持って行ける」と補足している。最後の文では、Thereforeと質問文の表現を使って再度自分の意見を述べて、まとめている。QUESTIONの答えとして最も重要である自分の意見を明確にするために、文章の冒頭と、語数に余裕があれば最後でもQUESTIONの表現を引用して、自分の考えを示そう。

パッセージについて答える

二次試験の面接で問われるのはスピーキングの力。音読と5つの質問が出題されるので、
それぞれのポイントをおさえてから問題に取り組みましょう。

面接の流れ

❶面接室に入ったら、面接委員に面接カードを手渡す。

❷面接委員の指示にしたがい、着席する。

❸面接委員が受験者の氏名・受験級の確認を行ったあと、
簡単なあいさつをする。

❹面接委員からパッセージ（英文）とイラストが書かれ
た問題カードを受け取る。

英検S-CBTのスピーキング

英検S-CBTでは、面接の代わりにコンピューターで解答を録音するスピーキングテストを行います。最初に操作説明があるので、画面の流れにそって進めましょう。録音テストやウォームアップの質問のあとに、音読と5つの質問が出題されます。

問題カード

Plastic Bags

These days, many people say that plastic waste is damaging nature. Because of this, many shops have stopped giving out plastic bags for free. Customers are required to pay a small fee if they want one. More and more people use their own bags for shopping, and by doing so they are helping to reduce the amount of plastic waste.

A

B

パッセージの訳

レジ袋

最近、多くの人が、プラスチック廃棄物が自然に害を与えていると言います。これにより、多くの店がレジ袋を無料で配るのをやめました。客はレジ袋が欲しい場合、少額のお金を払うことが求められます。ますます多くの人が買い物にマイバッグを使っており、そうすることで、彼らはプラスチック廃棄物の量を減らす手助けをしています。

音読 解説音声を聞いて、音読のポイントを確認しましょう。

指示文 左ページの問題カードのパッセージを見て、音読しましょう。

> First, please read the passage silently for 20 seconds.
> （20秒経過） Now, please read it aloud.

音読のポイント

・面接委員が聞き取りやすいように、大きな声ではっきりと読む。
・内容を理解していることが伝わるように、意味のまとまりを意識して読む。

指示文の訳
まず、パッセージを20秒間黙読してください。（20秒経過）では、声に出して読んでください。

No. 1 解説音声を聞いて、No. 1のポイントを確認しましょう。

42-2

質問文 左ページの問題カードのパッセージを見て、答えましょう。

> According to the passage, how are more and more people helping to reduce the amount of plastic waste?

No. 1のポイント

・解答は、質問に対応する箇所をパッセージの中から探して活用する。
・Howで「手段」を問われた場合は、パッセージ中のby doing soやin this wayの前に、答えとなる部分を探す。そして、解答はBy *doing*で始める。
・Whyで「理由」を問われた場合は、パッセージ中のsoの前に、答えとなる部分を探す。解答はBecauseで始め、主語は質問の主語そのままではなく代名詞に置き換えて答える。

解答例

パッセージの文章
More and more people **use** their own bags for shopping,
❶ ———————————————————————————

⇓ 置き換える

解答
By using their own bags for shopping.
❷ ——————————

❶パッセージ中の by doing so のすぐ前にある部分を抜き出す。

❷How の質問に答えるために、❶の主語をとって by *doing* の形に置き換える。

質問文の訳
パッセージによると、ますます多くの人はどのようにしてプラスチック廃棄物の量を減らす手助けをしていますか。

解答例の訳
買い物にマイバッグを使うことによって。

43 スピーキング❷

イラストについて答える

No. 2とNo. 3は、問題カードに印刷されたイラストを見て、
その内容を描写する問題。描かれている人物の動作や状況に
注目しましょう。

No. 2　解説音声を聞いて、No. 2のポイントを確認しましょう。　 ▶ 43-1

A

指示文

Now, please look at the people in Picture A. They are doing different things. Tell me as much as you can about what they are doing.

No. 2のポイント

・人物の動作は、現在進行形（be *doing*）で表現する。
・イラストAに描かれた人物（5～6人）の性別（man/woman/boy/girlなど）と動作を、全て描写する。
・動詞の目的語などで出てくる名詞の単数・複数に注意する。

解答例

A woman is choosing an apple.
①

A woman is putting some vegetables on a shelf.
①　　　　　　　　　　　　　　　　②

A girl is waiting for the elevator.
③

A boy is looking at a floor map.
④

A man is pushing a cart.
⑤

❶SheやHeではなく、A womanやA boyのように描写する。

❷どこに置いているかによってon、in、underなどを使い分ける。

❸何かを待っている状況は、waiting forで表す。

❹動かないものに目を向ける場合はlooking atを使う。

❺「押す」はpushing、「引く」はpulling。

指示文の訳
さて、Aの絵の人々を見てください。彼らはいろいろなことをしています。彼らが何をしているのか、できるだけたくさん説明してください。

解答例の訳
女性がリンゴを選んでいます。／女性が棚に野菜を置いています。／女の子がエレベーターを待っています。／男の子がフロアマップを見ています。／男性がカートを押しています。

No. 3

解説音声を聞いて、No. 3のポイントを確認しましょう。

 43-2

指示文

Now, look at the woman in Picture B. Please describe the situation.

No. 3のポイント

・描写ポイントは、「今の状況」＋「人物の考えていること」の2つ。

・「人物の考えていること」には主に2パターンある。ふきだしに×がある→人物がしたくてもできないことを答える。ふきだしに×がない→人物がこれからしようと考えていることを答える。

・「今の状況」と「人物の考え」の関連がわかるように、適切な接続詞を使う。

　例：A can't ～ because ... 「…なので、A（人）は～できない」、～, so ... 「～なので、…」

解答例

She has many bags, so she wants to take a taxi.
　　　　　　　　　　❶　　　❷

❶「～なので、…」という状況をso を使って表している。

❷ wants to *do* で「～したい」という状況を表せる。

指示文の訳

さて、Bの絵の女性を見てください。この状況を説明してください。

解答例の訳

彼女は多くのバッグを持っているので、タクシーに乗りたいです。

44 スピーキング❸ 自分の意見を答える

No. 3のあと、面接委員から問題カードを裏返して机の上に置くように言われるので、指示にしたがいましょう。No. 4とNo. 5では日常生活の身近な事柄に関する内容が出題されます。

No. 4　解説音声を聞いて、No. 4のポイントを確認しましょう。

 ▶ 44-1

質問文

> Do you think more and more people will buy things online in the future?

解答例

Yes. と答えた場合

→ Why? と質問される

It's easy and convenient. <u>People can shop online anytime</u> ❶ <u>and anywhere with their smartphones.</u>

❶解答は1文で終わらせない。ここでは、1文目の easy and convenient について、具体的に説明している。

No. と答えた場合

→ Why not? と質問される

It's hard to shop online. <u>People can't look at the real</u> ❷ <u>product.</u>

❷1文目の hard の説明として、People can't look at the real product.「人々は実際の商品を見ることができない」としている。

質問文の訳
今後、ますます多くの人がネットで物を買うようになると思いますか。

Yes. と答えた場合の解答例の訳
簡単で便利だからです。人々はスマートフォンで いつでもどこでもネットで買い物ができます。

No. と答えた場合の解答例の訳
ネットで買い物をするのは難しいからです。人々は実際の商品を見ることができません。

No. 4とNo. 5のポイント

・まず、自分の意見を Yes. か No. ではっきりと伝える。

・理由や具体例とその説明を2文程度で答える。

・自分が選択したYes. / No. の立場に反することや、関係のないことは言わない。

・文法や語彙は難しいものを使う必要はないので、自信のあるものを使う。

No. 5 　解説音声を聞いて、No. 5のポイントを確認しましょう。

44-2

質問文

These days, there are a lot of sports programs on TV. Do you watch sports on TV?

解答例

Yes. と答えた場合

→ Please tell me more. と指示される

I'm a big fan of a certain baseball team. ❶I enjoy cheering in front of the TV.

❶この1文によって、「ふだん、具体的にどんな風に楽しんでいるのか」がイメージしやすくなり、相手に伝わりやすい解答になる。

No. と答えた場合

→ Why not? と質問される

❷My favorite sport isn't shown on TV very often. I often watch sports games on the Internet.

❷Yes. の場合の解答と同様に、「理由」＋「その説明」という構成になっている。

質問文の訳
今日、テレビで多くのスポーツ番組があります。あなたはテレビでスポーツを見ますか。

Yes. と答えた場合の解答例の訳
私はある野球チームの大ファンです。私はテレビの前で応援して楽しみます。

No. と答えた場合の解答例の訳
私の好きなスポーツはテレビであまり放映されません。私はインターネットでスポーツの試合をよく見ます。

問題カード

Traveling with Pets

Many pet owners think of their pets as family. It is natural for them to want to travel with their pets. Some hotels offer special meals, rooms, baths and playing areas for pets, and by doing so they try to attract pet owners. Such services will probably become more common in the future.

A

B

Questions

No. 1   According to the passage, how do some hotels try to attract pet owners?

No. 2   Now, please look at the people in Picture A. They are doing different things. Tell me as much as you can about what they are doing.

No. 3   Now, look at the man in Picture B. Please describe the situation.

Now, Mr. / Ms. —, please turn over the card and put it down.

No. 4   Do you think spending a holiday in the countryside is better than in the city?
            Yes. → Why?
            No. → Why not?

No. 5   Today, many people try to exercise. Do you exercise in your free time?
            Yes. → Please tell me more.
            No. → Why not?

解答・解説

E08

問題カードとQuestionsの訳

ペットと一緒に旅行

ペットを飼う多くの人が自分のペットを家族と考えている。彼らがペットと一緒に旅行したいと思うのは当然である。一部のホテルでは、ペット用の特別な食事や部屋、浴室、遊び場を提供しており、そうすることでホテルはペットの飼い主を引きつけようとしている。そのようなサービスは、おそらく今後さらに一般的になるだろう。

No. 1 パッセージによると、一部のホテルはどのようにしてペットの飼い主を引きつけようとしていますか。

No. 2 さて、Aの絵の人々を見てください。彼らはいろいろなことをしています。彼らが何をしているのか、できるだけたくさん説明してください。

No. 3 さて、Bの絵の男性を見てください。この状況を説明してください。

それでは、〜さん、カードを裏返しにして置いてください。

No. 4 都会よりも田舎で休日を過ごすほうがよいと思いますか。

No. 5 今日、多くの人々が運動をしようと努めています。あなたはひまな時間に運動をしますか。

No. 1
解答例

By offering special meals, rooms, baths, and playing areas for pets.

解答例の訳
ペット用の特別な食事や部屋、浴室、遊び場を提供することによって。

解説 第3文の後半に、質問と同じ「ペットの飼い主を引きつけようとしている」という情報があり、その主語はthey＝「一部のホテル」。by doing so「そうすることで」とあるので、飼い主を引きつける方法はその前（Some hotels offer ... for pets）にある。how 〜?「どのようにして〜」の質問に対してはBy *doing*「〜することによって」の形で答える。ここでは主語のSome hotelsを使わずに、By offering ... となる。

No. 2
解答例

A boy is drinking juice.
A girl is taking a picture.
A woman is talking on the phone.
A man is putting on [taking off] his jacket.
A man is cleaning a table.

解答例の訳
男の子がジュースを飲んでいます。
女の子が写真を撮っています。
女性が電話で話しています。
男性が上着を着て［脱いで］います。
男性がテーブルをきれいにしています。

解説 人物の動作は現在進行形（be *doing*）で表す。何かを飲む動作はdrinking、写真を撮る動作はtaking a picture、電話で話す動作はtalking on the phone、服を着る［脱ぐ］動作はputting on [taking off]である。wearingは動作ではなく着ている状態を表すので不適切。汚れたものをきれいにする動作はcleaningで、布などで拭く動作にはwipingも使える。

No. 3

解答例

He can't buy a drink because he doesn't have any money.

解答例の訳
彼はお金がないので飲み物が買えません。

解説 吹き出しに×がある場合、人物が「できないこと」と「その理由」を説明する。ここでは「飲み物が飲め［買え］ない」、「お金がないから」という状況。解答例のほかに He has no money, so he can't buy a drink.「彼はお金がないので飲み物が買えません」、He wants to drink something, but he doesn't have money for it.「彼は何か飲みたいのですが、そのお金がありません」のような表現も可能。

No. 4

Yes. と答えた場合の解答例

The countryside is less crowded than the city. People can relax in the fresh air and nature.

解答例の訳
田舎は都会ほど混雑していません。人々は新鮮な空気や自然のなかでリラックスできます。

No. と答えた場合の解答例

There are not many exciting places in the countryside. Cities have more choices for shopping, hobbies, and so on.

解答例の訳
田舎にはわくわくするような場所があまりありません。都会のほうが買い物や趣味などにおいてより多くの選択肢があります。

解説 休日を過ごすのに都会より田舎がよいと思えばYes、都会のほうがよいと思えばNoと答え、その理由を2文程度で話す。解答例のように、よいと思うほうの利点や、よくないと思うほうの欠点を根拠にすることができる。二者を比較した質問には、比較級を効果的に使う。Yesの解答例の1文目にはlessを使っているが、The countryside is not as crowded as the city. と表すこともできる。

No. 5

Yes. と答えた場合の解答例

I go jogging in the park near my house every morning. It's fun and also makes me feel healthy.

解答例の訳
私は毎朝、家の近くの公園へジョギングをしに行きます。それは楽しいですし、また健康な気分にさせてくれます。

No. と答えた場合の解答例

I'm not good at sports. I prefer reading and watching movies at home rather than going outside.

解答例の訳
私はスポーツが得意ではありません。外に出かけるよりも家で読書をしたり映画を見たりするほうが好きです。

解説 Do you exercise ...? という質問に対し、自分自身のふだんのことを答える。ひまな時間に運動をする場合はYes.と答え、いつ、どのような運動をするかを詳しく説明する。解答例の2文目のように運動の利点を述べることもできる。Noの場合、運動をしない理由を答えるが、2文目のように運動以外の好きなことを話してもよい。prefer A (rather than B)「（Bよりも）Aのほうを好む」は便利な表現なので覚えておこう。

さくいん

本書の「単語・表現チェック」と「まとめて覚える！単熟語」に
掲載されている単語・熟語・会話表現の一覧です。

単語